AUTORI

Carlo Cucut è nato a Nole (TO) nel 1955. Ha coltivato la passione per la storia sin da ragazzo e negli anni ha approfondito questo interesse dedicandosi alla ricerca storica. Ha pubblicato articoli sulle riviste: "Storia del XX Secolo", "Storie & Battaglie", "Milites" e "Ritterkreuz". In campo editoriale ha pubblicato vari volumi per Marvia Edizioni: "Penne Nere sul confine orientale. Storia del Reggimento Alpini "Tagliamento" 1943-1945", vincitore del Premio De Cia; "Attilio Viziano. Ricordi di un corrispondente di guerra"; "Forze Armate della RSI sul fronte orientale"; "Forze Armate della RSI sul fronte occidentale"; "Forze Armate della RSI sulla linea Gotica"; "Alpini nella Città di Fiume 1944-1945". Per il Gruppo Modellistico Trentino ha pubblicato "Le forze armate della RSI 1943-1945. Forze di terra".

Paolo Crippa, (23 aprile 1978) coltiva sin dai tempi del Liceo la passione per la Storia italiana, soprattutto della Seconda Guerra Mondiale. Le sue ricerche si incentrano soprattutto nel campo della storia militare ed in particolare sulle unità corazzate a partire dagli anni '30 fino alla fine della Seconda Guerra Mondiale. Nel 2006 pubblica il suo primo volume, "I Reparti Corazzati della Repubblica Sociale Italiana 1943/1945", prima ricerca organica compiuta e pubblicata in Italia sull'argomento, a cui fanno seguito "Duecento Volti della R.S.I." (2007), "Un anno con il 27° Reggimento Artiglieria Legnano" (2011) e "I reparti controguerriglia della R.S.I." (2020). Ha all'attivo più di quaranta articoli per le riviste Milites, Historica Nuova, SGM – Seconda Guerra Mondiale, Bataies & Blindes, Ritterkreuz, Fronti di Guerra, Mezzi Corazzati, Storia & Battaglie, Umago Viva, La Martinella e Storia del Novecento, sia come autore, sia in collaborazione con altri ricercatori ed ha realizzato collaborazioni e consulenze per altri autori nella stesura di testi storico – uniformologici. Dal 2019 collabora con Luca Cristini Editore nella realizzazione della collana "Witness to War" e dal 2020 ne è il Direttore. Con Mattioli 1885 ha pubblicato "Italia 43-45. I blindati di circostanza della guerra civile" (2014), "I mezzi corazzati italiani della guerra civile 1943-1945" (2015) e "Italia 43-45. I mezzi delle Unità cobelligeranti" (2018).

PUBLISHING'S NOTES

None of unpublished images or text of our book may be reproduced in any format without the expressed written permission of Luca Cristini Editore (already Soldiershop.com) when not indicate as marked with license creative commons 3.0 or 4.0. Luca Cristini Editore has made every reasonable effort to locate, contact and acknowledge rights holders and to correctly apply terms and conditions to Content.

Every effort has been made to trace the copyright of all the photographs. If there are unintentional omissions, please contact the publisher in writing at: info@soldiershop.com, who will correct all subsequent editions.

Our trademark: Luca Cristini Editore©, and the names of our series & brand: Soldiershop, Witness to war, Museum book, Bookmoon, Soldiers&Weapons, Battlefield, War in colour, Historical Biographies, Darwin's view, Fabula, Altrastoria, Italia Storica Ebook, Witness To History, Soldiers, Weapons & Uniforms, Storia etc. are herein © by Luca Cristini Editore.

LICENSES COMMONS

This book may utilize part of material marked with license creative commons 3.0 or 4.0 (CC BY 4.0), (CC BY-ND 4.0), (CC BY-SA 4.0) or (CC0 1.0). We give appropriate attribution credit and indicate if change were made in the acknowledgments field. Our WTW books series utilize only fonts licensed under the SIL Open Font License or other free use license.

For a complete list of Soldiershop titles please contact Luca Cristini Editore on our website: www.soldiershop.com or www.cristinieditore.com. E-mail: info@soldiershop.com

Titolo: **REPARTI CORAZZATI BULGARI** Code.: **WTW-046 IT** Di Carlo Cucut e Paolo Crippa
ISBN code: 9788893279956 prima edizione luglio 2023
Lingua: Italiano; dimensione: 177,8x254mm; Cover & Art Design: Luca S. Cristini

WITNESS TO WAR (SOLDIERSHOP) is a trademark of Luca Cristini Editore, via Orio, 35/4 - 24050 Zanica (BG) ITALY.

WITNESS TO WAR

REPARTI CORAZZATI BULGARI

DALLA 1ª COMPAGNIA CORAZZATA ALLO SCIOGLIMENTO DELLA BRONIRANA BRIGADA 1935 – 1947

PHOTOS & IMAGES FROM WORLD WARTIME ARCHIVES

CARLO CUCUT - PAOLO CRIPPA

BOOKS TO COLLECT

INDICE

Il regno di Bulgaria .... Pag. 5

La costituzione dei primi reparti corazzati .... Pag. 7

Il reggimento corazzato .... Pag. 25

La Bronirana Brigada .... Pag. 37

Il colpo di stato .... Pag. 51

    La prima fase della guerra patriottica .... Pag. 52

    La seconda fase della guerra patriottica .... Pag. 78

Il dopoguerra e lo scioglimento della Bronirana Brigada .... Pag. 87

Mimetizzazione, insegne, numero di immatricolazione .... Pag. 93

Bibliografia .... Pag. 98

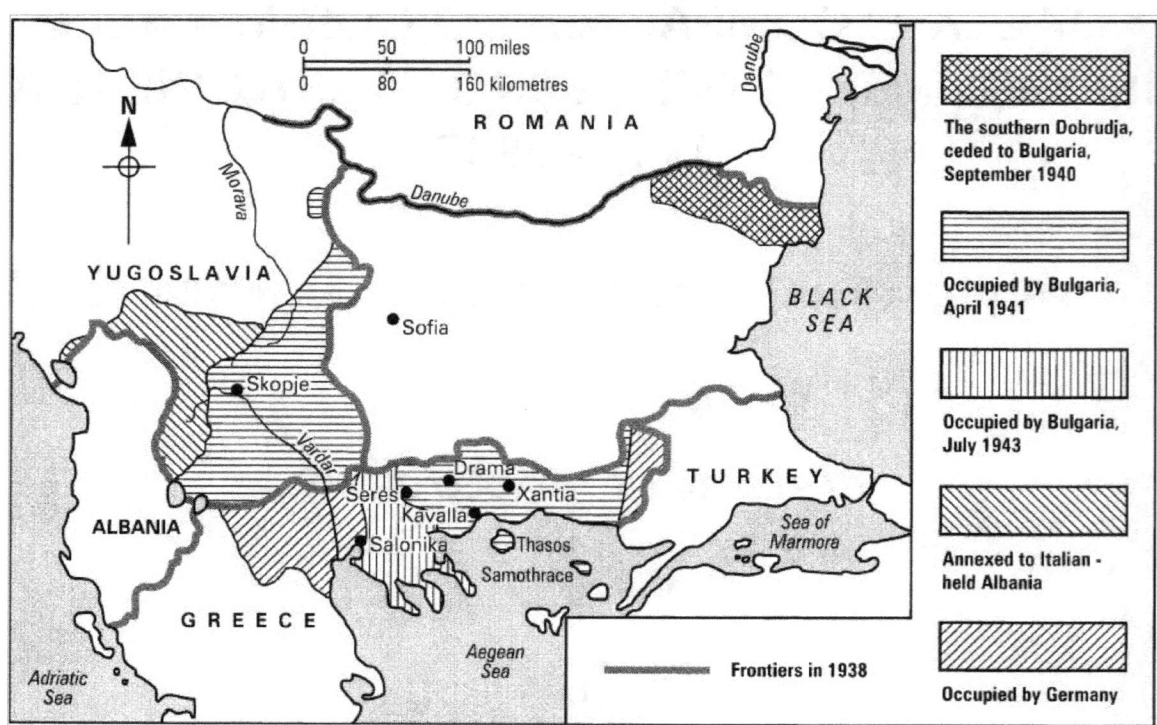

▲ Cartina che rappresenta la Bulgaria con i territori annessi od occupati durante la Seconda Guerra Mondiale.

IL REGNO DI BULGARIA

Il Regno di Bulgaria venne costituito il 5 ottobre del 1908 dal principe Ferdinando I che, approfittando delle tensioni internazionali in corso, dichiarò la fine della sovranità ottomana sul Principato di Bulgaria e formalizzò l'annessione della provincia della Rumelia orientale, peraltro già controllata dai bulgari dal 1885. Elevando il Principato di Bulgaria a Regno, il 5 ottobre nella Chiesa dei Quaranta Martiri a Veliko Tărnovo, il principe Ferdinando I venne incoronato zar.

Negli anni 1912 e 1913 il Regno di Bulgaria fu coinvolto in due guerre balcaniche: la prima, alleata con la Serbia e la Grecia, contro la Turchia, la seconda da sola contro Serbia, Grecia e Romania. I due conflitti costarono pesanti perdite umane e notevoli variazioni territoriali. Infatti, al termine della prima guerra balcanica il Regno di Bulgaria acquisì numerosi territori, che poi perdette dopo la conclusione della seconda.

Le conseguenze politiche delle guerre balcaniche per i bulgari furono un forte risentimento nei confronti della Russia e delle potenze occidentali che, rimaste neutrali durante i conflitti, lasciarono isolato il giovane Regno. La conseguenza di tale atteggiamento portò il Regno di Bulgaria ad allearsi con la Germania e l'Impero Austroungarico, anche se questa alleanza voleva dire diventare di fatto un alleato dei turchi, nemico storico dei bulgari. Poiché la Serbia, la Grecia e la Romania, alleati della Francia e del Regno Unito, possedevano alcuni territori persi durante le guerre balcaniche che intendeva recuperare, quando scoppiò la Prima guerra mondiale e la Germania promise di ripristinare i confini del trattato di San Stefano, il Regno di Bulgaria dichiarò guerra alla Serbia nell'ottobre del 1915. Come diretta conseguenza di tale dichiarazione di guerra anche il Regno Unito, la Francia e l'Italia dichiararono guerra al Regno di Bulgaria.

Nonostante numerose vittorie conquistate contro i rumeni e i serbi, la Rivoluzione russa nel 1917 portò alla diffusione di sentimenti contro la monarchia, sia nella società civile che nell'esercito, creando i presupposti per la sua caduta. Poi, nel settembre 1918, quando gli eserciti serbo, inglese, francese e greco sfondarono il fronte macedone, lo zar Ferdinando fu costretto a chiedere la pace. Se la guerra era conclusa, anche se con una sconfitta, a destare preoccupazioni era il rischio di una rivoluzione, che costrinse lo zar Ferdinando ad abdicare in favore del figlio Boris III.

Con il trattato di Neuilly del 27 novembre 1919 il Regno di Bulgaria, uscito sconfitto al termine della Prima Guerra Mondiale, oltre alle perdite territoriali e ai danni di guerra da pagare alle nazioni vincitrici, dovette subire un forte ridimensionamento delle proprie forze armate oltre alla limitazione del possesso di numerosi equipaggiamenti, ragion per cui l'ammodernamento dell'esercito bulgaro venne procrastinato per diversi anni. L'esercito ne uscì notevolmente indebolito, con un organico ridotto e con poche moderne armi a disposizione, oltre alla impossibilità di acquisire quei mezzi, ad esempio i veicoli corazzati, che avrebbero, pochi decenni dopo, monopolizzato i conflitti.

Nel giugno 1923 scoppiò una rivolta popolare organizzata dal partito comunista, che venne soffocata nel sangue dall'esercito e dall'Organizzazione Rivoluzionaria Interna Macedone, un movimento di destra favorevole alla ripresa della guerra per la riconquista della Macedonia, con il beneplacito dello zar Boris III. Nel maggio 1934 un nuovo colpo di stato venne soppresso e, nell'aprile 1935, Boris III prese direttamente il potere nominando un primo ministro fantoccio.

Lo zar Boris III vietò tutti i partiti di opposizione, strinse alleanze con la Germania e l'Italia e, nel 1938, sottoscrisse il patto dei Balcani, con il quale venivano restaurate buone relazioni con la Jugoslavia e la Grecia, anche se le questioni territoriale rimanevano in sospeso.

Con il Trattato di Craiova del 7 settembre 1940, imposto dalla Germania nazista, la Bulgaria ritornò in possesso della Dobrugia meridionale, ceduta dalla Romania. Il 1º marzo 1941 la Bulgaria aderì al patto tripartito, diventando un alleato della Germania, dell'Impero giapponese e del Regno d'Italia. In preparazione dell'invasione del Regno di Grecia e del Regno di Jugoslavia, la Bulgaria permise alle truppe tedesche di entrare nel suo territorio. A seguito della sconfitta della Jugoslavia e della Grecia, la Bulgaria occupò la Tracia greca e la maggior parte della Macedonia.

Successivamente il Regno di Bulgaria dichiarò guerra alla Gran Bretagna e gli Stati Uniti ma non all'Unione Sovietica, nonostante le continue pressioni tedesche. Nell'agosto del 1943 lo zar Boris III morì improvvisamente dopo un viaggio in Germania[1]. Il potere venne allora assunto da un gruppo di reggenti diretto dal principe Kirill e dalla madre Regina Giovanna di Savoia, in quanto l'erede, il principe Simeone II, aveva solo 6 anni.

All'inizio del 1944 le truppe sovietiche stavano rapidamente avanzando verso i confini bulgari e gli Alleati effettuarono alcuni disastrosi bombardamenti sulla capitale Sofia e su altre località.

Nel mese di agosto il Regno di Bulgaria, i cui emissari avevano intavolato trattative segrete con gli Alleati per uscire dalla guerra, annunciò la cessazione delle ostilità e richiese alle truppe tedesche di lasciare la Bulgaria. Contestualmente le proprie truppe venivano rapidamente ritirate dalla Grecia e dalla Jugoslavia. Nei primi giorni del settembre 1944 i sovietici oltrepassarono il confine settentrionale, iniziando l'invasione della Bulgaria. Il governo, nel tentativo di evitare un'invasione sovietica, dichiarò guerra alla Germania.

L'esercito bulgaro iniziò quindi a combattere a fianco delle truppe sovietiche, contro gli ex alleati tedeschi, contribuendo alla liberazione della Jugoslavia, dell'Ungheria e dell'Austria.

▲ Lo zar Boris III durante una cerimonia ufficiale insieme ad alti ufficiali dell'esercito nella seconda metà degli anni '30.

---

1 Per anni si sospettò che fosse stato avvelenato dai tedeschi, mai non è mai stato ufficialmente dimostrato.

▲ Una autoblindo Austin russa catturata dai bulgari nel novembre 1916 in Romania ed utilizzata per un breve periodo.

▼ I carri veloci Ansaldo B60001 e B60002, appartenenti alla 1ª Compagnia carri, ritratti al termine di una manifestazione con due bambini come equipaggio.

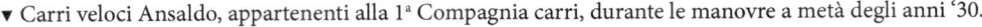
▲ Un carro veloce Ansaldo, appartenente alla 1ª Compagnia carri, mimetizzato con arbusti, impegnato nelle esercitazioni nei primi anni '30. Notare la mimetizzazione a macchie verde scuro sul verde chiaro uniforme.

▼ Carri veloci Ansaldo, appartenenti alla 1ª Compagnia carri, durante le manovre a metà degli anni '30.

▲ Ufficiali, soldati e carristi posano per una fotografia su un carro veloce Ansaldo dopo l'occupazione della Dobrugia meridionale nel settembre 1940.

▼ Carri veloci Ansaldo, appartenenti alla 1ª Compagnia carri, sfilano nella cittadina di Dobrich nel settembre 1940 dopo l'occupazione della Dobrugia meridionale.

▲ Carri veloci Ansaldo, appartenenti alla 1ª Compagnia carri, impegnati durante l'occupazione della Dobrugia meridionale nel settembre 1940.

▼ La 1ª Compagnia carri, dotata di carri veloci CV33, schierata a metà anni '30 prima di partecipare ad una esercitazione.

▲ Carro veloce Ansaldo, appartenente alla 1ª Compagnia carri, durante una esercitazione negli anni '30. Si nota bene la mimetizzazione a tre colori.

▼ Un carro armato Vickers Mark E, appartenente alla 2ª Compagnia, procede mascherato con arbusti e piante durante le manovre estive, seconda metà degli anni '30.

▲ Un carro armato Vickers Mark E, con il suo equipaggio, durante l'addestramento. Da notare che il cannone da 47 mm è stato rimosso.

▼ Un carro armato Vickers Mark E, appartenente alla 2ª Compagnia, durante l'addestramento degli equipaggi nella seconda metà degli anni '30.

▲ Un carro armato Vickers Mk. E in caserma prima delle manovre del 1941, sulla sinistra si scorge un carro veloce Ansaldo.

▼ Carristi e ufficiali davanti al carro armato Vickers Mark E, B60021, appartenente alla 3ª Compagnia nel 1941.

▲ Un carro armato Vickers Mk. E, appartenente alla 2ª Compagnia del 1° Battaglione corazzato, impegnato nelle manovre invernale nel 1940.

▼ Un carro armato Vickers Mk. E della 2ª Compagnia ripreso all'interno della caserma, da notare la mimetizzazione a tre colori.

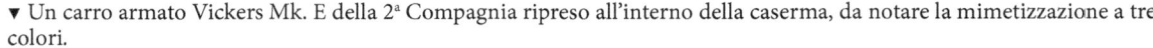

▲ Un carro armato Vickers Mk. E della 2ª Compagnia durante l'addestramento alla fine degli anni '30. Si nota perfettamente la mimetizzazione a tre colori.

▼ Lo Zar Boris III impegnato nella manovre estive del 1941 al comando di un carro armato Škoda.

▲ La 3ª Compagnia corazzata, dotata di carri armati Škoda, schierata al termine delle manovre. I primi tre carri: B60057, B60056 e B60055, sono Škoda T11, la versione armata con il cannone A7.

▼ Carro armato Škoda T-11 impegnato nelle manovre estive nel 1941, dietro al veicolo si possono notare alcuni carri R35.

▲ Carro armato Škoda impegnato nelle manovre svoltesi dal 7 al 21 settembre 1941.

▼ Un carro armato Škoda all'interno della caserma a Sofia alla fine degli anni '30.

▲ Il carro armato Renault R35 "Reno", B60202, appartenente al 2° Battaglione corazzato, impegnato nelle manovre estive del 1941.

▼ Carri armati Renault R35 "Reno" appena consegnati, insieme agli Škoda LT vz. 35 del 1° Battaglione, nell'aprile 1941.

▲ Un carro armato R35 "Reno", appartenente al 2° Battaglione corazzato, fotografato in caserma.

▼ Soldati bulgari attorno ad un carro armato Renault NC27 catturato agli jugoslavi nel 1941.

▲ Un carro veloce Ansaldo ripreso nei campi della Dobrugia meridionale nel settembre 1940.

▼ Un fotografia, purtroppo di scarsa qualità, di carro veloce Ansaldo durante una presentazione del mezzo alle autorità militari a metà anni '30.

▲ Il carro armato Vickers Mark E B60022 impegnato nelle manovre a fuoco a metà degli anni '30.

▼ Un carro armato Vickers Mk. E sfila il 6 maggio 1940 a Sofia durante la parata per la festa di San Giorgio, festa dell'esercito bulgaro, seguito da una formazione di carri armati Škoda LT vz. 35.

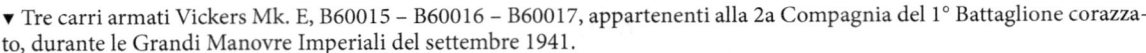

▲ Carri veloci Ansaldo, appartenenti alla 1a Compagnia del 1° Battaglione corazzato, durante le manovre svolte nel 1937.

▼ Tre carri armati Vickers Mk. E, B60015 – B60016 – B60017, appartenenti alla 2a Compagnia del 1° Battaglione corazzato, durante le Grandi Manovre Imperiali del settembre 1941.

IL REGGIMENTO CORAZZATO

Nell'aprile 1941 il 1° Battaglione corazzato partecipò alle esercitazioni congiunte con la 16. Panzer-Division della Wehrmacht nelle vicinanze della città di Pazardžik, alla presenza dello zar Boris III che, rimasto impressionato dalle capacità operative dei reparti tedeschi, dette l'ordine di potenziare i reparti corazzati con la costituzione di un nuovo Reggimento corazzato. A seguito della parziale mobilitazione, dichiarata nella primavera del 1941, e con l'arrivo dei carri armati R35, le forze armate bulgare poterono costituire il 2° Battaglione corazzato, formato dalla 4ª, 5ª e 6ª Compagnia. Il 25 giugno 1941 i due Battaglioni corazzati andarono a formare il 1° Reggimento corazzato (1° Bronirana polk). Il Reggimento era acquartierato nelle caserme del 1° Reggimento di Cavalleria e dipendeva organicamente direttamente dalla Stato Maggiore dell'Esercito. Il comando del 1° Reggimento corazzato venne assunto dal maggiore Todor Ivanov Popov.

Il 1° Reggimento corazzato era composto da:

- Quartier Generale
- Compagnia esplorante
- 1° Battaglione corazzato
    - 1ª Compagnia: 3 plotoni
    - 2ª Compagnia: 3 plotoni
    - 3ª Compagnia: 3 plotoni
- 2° Battaglione corazzato
    - 4ª Compagnia: 3 plotoni
    - 5ª Compagnia: 3 plotoni
    - 6ª Compagnia: 3 plotoni
- Officina riparazioni
- Gruppo di fanteria motorizzata
- Gruppo di artiglieria motorizzata
- Servizi vari

I carri armati in servizio erano: 14 Ansaldo, 8 Vickers, 26 Škoda, 10 T-11 e 40 R35, oltre a oltre a 24 camion Opel Blitz da 3 tonnellate, 18 motociclette BMW R-35 e 2 motociclette Praga.

Alla fine di luglio il Reggimento corazzato, che in realtà era una piccola Brigata, venne trasferito in un nuovo struttura a Camp Knjas Simeon, località situata a circa 10 km a ovest di Sofia.

I carristi erano soddisfatti dei carri armati Škoda non altrettanto degli R35, che tra l'altro erano stati consegnati con molti componenti mancanti o guaste, oltre ad essere di seconda mano e usurati. Il nuovo comandante, il tenente colonnello Geno K. Genov, lamentava la grave carenza di apparecchiature radio, oltre a dubitare che i problemi relativi ai carri armati R35 fossero dovuti a sabotaggi attuati in Francia dove erano stati spediti i carri.

Alla data del 15 agosto il 1° Reggimento/Brigata corazzato aveva un organico di 1.802 uomini, personale giovane e motivato, purtroppo con scarso addestramento dovuto alla impossibilità, fino a quel momento, di effettuare manovre a fuoco con i carri armati e l'artiglieria.

Alla fine di ottobre i due Battaglioni corazzati del 1° Reggimento, insieme ad altre unità bulgare, furono inviati a Nova Zagora da dove, durante l'addestramento, si trasferirono su strada a Yambol, nella Bulgaria centro-orientale, per partecipare alle manovre. Durante tale trasferimento, molti carri armati R35 appartenenti alle tre compagnie del 2° Battaglione dovettero fermarsi, a causa di problemi meccanici e per le condizioni delle strade dissestate per le forti piogge e il fango. Il 2° Battaglione venne in pratica messo fuori servizio per i guasti meccanici subiti dai suoi R35!

Andò molto meglio alle compagnie del 1° Battaglione, sia la 1ª che la 2ª, dotate di Škoda, sia la 3ª, con i Vickers, effettuarono il trasferimento su strada senza grandi problemi e parteciparono alle manovre con gli altri reparti.

La fine del 1941 vide il 1° Reggimento/Brigata corazzato sostanzialmente immutato rispetto alla sua costituzione, l'insufficiente numero di carri armati, l'assenza di autoblindo e la carenza di autocarri/mezzi speciali/autovetture aveva impedito l'incremento organico previsto. L'unica dotazione di nuovo materiale nel corso dell'anno fu il materiale da ponte per la Compagnia del genio.

Nel marzo 1942 vennero attuate alcune modifiche all'organizzazione dei reparti all'interno del 1° Reggimento corazzato, che, a seguito della diversa assegnazione dei mezzi a disposizione, assunse la seguente composizione[7]:

- Quartier Generale Brigata: 3 Škoda (uno con radio)
- Quartier Generale Reggimento corazzato: 2 Škoda (uno con radio)
- 1° Battaglione corazzato
    - Staff: 2 Škoda (uno con radio)
    - 1ª Compagnia: 17 Škoda (4 con radio)
    - 2ª Compagnia: 17 Škoda (4 con radio)
    - 3ª Compagnia: 8 Vickers e 5 Ansaldo
- 2° Battaglione corazzato
    - Comando: 1 R35 (con radio) e 3 Ansaldo
    - 1ª Compagnia: 13 R35 (tutti senza radio)
    - 2ª Compagnia: 13 R35 (tutti senza radio)
    - 3ª Compagnia: 13 R35 (tutte senza radio)
- Plotone Ricognizione: 5 Ansaldo

Alla 3ª Compagnia del 1° Battaglione, dotata di carri armati Vickers, era stato assegnato prevalentemente il compito di lotta anticarro. Al Reggimento/Brigata era stata inoltre assegnata una nuova batteria antiaerea motorizzata, dotata di 15 mitragliere da 20 cm e 15 mitragliatrici leggere. Il 19 marzo 1942, un plotone di Škoda e un plotone di R35 effettuarono esercitazioni di tiro, gli Škoda spararono con il cannone da 37 mm mentre gli R35 con le mitragliatrici. I bersagli vennero posizionati ad una distanza che variava tra i 200 e 400 e i risultati furono lusinghieri, soddisfacendo gli osservatori bulgari e quelli tedeschi. Al termine delle esercitazioni venne rilevato come l'addestramento al tiro degli equipaggi fosse considerato buono, mentre per le manovre si manifestarono ancora molte lacune, dimostrando una notevole mancanza di abilità.

I tedeschi, che consideravano il Reggimento una piccola Brigata, pur valutando i buoni progressi compiuti con il continuo addestramento, non mancarono di evidenziare alcune gravi carenze. Le principali carenze riscontrate erano riferite al carro armato R35 in dotazione al 2° Battaglione corazzato. Oltre alla mancanza di apparati radio, era la scarsa velocità la maggiore limitazione rispetto ai carri armati Škoda, un evidente condizionamento che avrebbe impedito un utilizzo unitario del Reggimento corazzato.

I consiglieri tedeschi consigliarono quindi di provvedere alla sostituzione degli R35 con nuovi Škoda o con carri armati medi dotati di cannoni da 75 mm, oltre ad acquistare moderne autoblindo per il reparto esplorante, mortai leggeri per la fanteria e più materiale da ponte per la Compagnia genio.

Dal 29 al 31 maggio vennero effettuate alcune esercitazioni vicino a Sofia, con l'obiettivo di verificare se erano stati superati alcuni dei problemi emersi nelle precedenti manovre. Se i reparti corazzati

---

7 Le consistenze dei carri armati Škoda della tabella non corrispondono all'effettiva dotazione di carri, infatti, a fronte di un totale di 36 carri armati tra Škoda LT-35 e T-11 consegnati dai tedeschi, le tabelle organiche prevedevano un totale di 41 carri in dotazione. È probabile che l'organico tabellare fosse quello previsto ma che non venne mai attuato per la carenza di mezzi.

dimostrarono qualche miglioramento, il reparto esplorante dimostrò anche questa volta la sua inefficienza. Emerse ancora più nettamente la necessità di essere affiancati da un ufficiale tedesco proveniente dai reparti Panzer che, a tempo pieno, svolgesse il compito di consigliere e addestratore. L'11 luglio 1942 il tenente colonnello Freiherr von Bülow assunse tale incarico.

Il principale problema che dovette affrontare Von Bülow fu quello di migliorare la tattica di combattimento dei reparti carristi e il coordinamento tra carri armati, fanteria e artiglieria. Alla fine di agosto, dopo neanche un mese dal suo arrivo, si svolsero le grandi manovre nei pressi di Pernik con la presenza di numerosi reparti delle forze armate bulgare. Durante tali manovre la Brigata[8] palesò numerose insufficienze, dal cattivo camuffamento al raggruppamento avanzato non conforme alle regole, dal movimento in avanti non coordinato con la fanteria al rischio di accerchiamento a seguito della mancanza di supporto da parte della fanteria e dell'artiglieria.

Ulteriori manovre vennero eseguite sia tra il 3 e 4 settembre che tra il 14 e il 20 ottobre, queste ultime presso il campo di addestramento nelle vicinanze di Nova Zagora, in entrambe le esercitazioni la Brigata mostrò notevoli miglioramenti.

Alla fine del 1942 l'organico della Brigata era di 3.809 uomini, tra ufficiali, sottufficiali, graduati e truppa.

Il 1° gennaio 1943 il colonnello di Stato Maggiore Heinrich Gäde sostituì il tenente colonnello Freiherr von Bülow nel compito di consigliere militare presso la Brigata.

A seguito dell'accordo relativo alla consegna di armi tra la Germania e la Turchia, nemico storico della Bulgaria, sottoscritto verso la fine del 1942, il 5 gennaio 1943 venne elaborato il piano *"Barbara"* tra l'OKW e il Ministro della Guerra bulgaro che prevedeva di equipaggiare con moderne armi tedesche 10 Divisioni di fanteria, una Divisione di cavalleria e due Brigate corazzate.

La Bulgaria richiese quindi alla Germania la fornitura di: 90 carri armati medi, 140 carri armati leggeri, 55 cannoni d'assalto StuG III, 84 autoblindo leggere e 54 pesanti, 186 semicingolati trasporto truppe, per equipaggiare le due Brigate corazzate. Tra i carri armati richiesti, oltre ai Pz.Kpfw. IV, erano previsti 25 Pz.Kpfw. I da addestramento e 10 Pz.Kpfw. III. La richiesta venne respinta dai tedeschi che, a febbraio, dichiararono di essere pronti a consegnare solo 12 Pz.Kpfw. IV, 20 StuG III e 20 autoblindo leggere.

Il numero dei mezzi corazzati previsti dai tedeschi, rispondeva a quanto previsto dal piano proposto dal OKW che prevedeva un Reggimento corazzato costituito da un solo battaglione carri armati in ciascuna delle due Brigate corazzate da costituire, piano che però venne rifiutato dai Bulgari i quali sostenevano la necessità di avere due battaglioni carri armati in ogni Reggimento.

Mentre continuavano le discussioni su quanti e quali mezzi consegnare, il colonnello Gäde, con l'obiettivo di ottimizzare il funzionamento dei reparti con i mezzi a disposizione e con quelli di prossima consegna, raccomandò che nel Reggimento corazzato rimanessero in servizio i carri armati Škoda, mentre gli R35 non dovevano più farne parte ed essere utilizzati per formare unità speciali a supporto della fanteria. Riteneva che gli R35 fossero troppo lenti, non in grado di manovrare in coordinazione con gli altri carri armati e dotati di un armamento inadeguato per i compiti assegnati al nuovo Reggimento corazzato.

Per i carri armati Vickers era invece previsto l'utilizzo in funzione di veicoli di osservazione corazzati per le batterie d'artiglieria della Brigata, mentre i carri veloci Ansaldo sarebbero stati impiegati come ambulanze corazzate e come porta munizioni.

La proposta Gäde prevedeva per il Reggimento corazzato la seguente struttura:
- Quartier Generale di Reggimento
- 1° Battaglione corazzato

---

[8] Anche se non ufficialmente, visto la presenza di fanteria, artiglieria e carri armati, il reparto veniva considerato oramai Brigata.

- 1ª Compagnie carri medi
- 2ª Compagnia carri medi
- 3ª Compagnia carri leggeri

All'interno di ogni Compagnia erano presenti due carri veloci Ansaldo, uno a supporto del reparto riparazioni e l'altro come ambulanza per il sottufficiale medico.

Con il trasferimento dei mezzi previsti dai tedeschi, i carri armati in servizio nel Reggimento sarebbero stati:
- 12 Pz.Kpfw. IV[9]
- 20 StuG III[10]
- 36 Škoda/T-11
- 14 Ansaldo

Il colonnello Gäde, il 29 gennaio 1943, raccomandò inoltre la costituzione di due o tre batterie di cannoni d'assalto da affiancare alla fanteria, sia per rafforzare le capacità offensive sia per il grande impatto che la loro presenza avrebbe avuto sul morale delle truppe. Fu quindi avanzata la richiesta, da parte dello Stato Maggiore bulgaro, per la fornitura totale di 55 cannoni d'assalto StuG III invece dei 20 assegnati nel piano iniziale tedesco.

L'addestramento del personale, destinato a formare gli equipaggi per i nuovi mezzi, subì un'accelerazione nella primavera del 1943, quando 41 ufficiali e 37 sottufficiali furono inviati alla scuola corazzata tedesca di Wünsdorf, e, presso la scuola di combattimento tedesca fondata a Niš in Serbia, venne avviato il 12 aprile un corso speciale per i carristi bulgari destinati ai Pz.Kpfw. IV e agli StuG III.

Il Ministero della Guerra bulgaro aveva nel frattempo respinto l'organizzazione del Reggimento corazzato proposta dal colonnello Gäde, chiedendo invece di costituire il 2° Battaglione corazzato utilizzando gli R35 insieme a 5 StuG III, mentre il 1° Battaglione avrebbe operato con gli Škoda e i Pz.Kpfw. IV, e con i restanti 15 StuG III si sarebbero formate batterie di cannoni d'assalto sotto il comando operativo del Reggimento di artiglieria della Brigata.

La proposta bulgara venne parzialmente accettata dal OKW che, dopo aver rinegoziato l'accordo sulla fornitura dei mezzi corazzati, tra la fine di marzo e l'inizio di aprile decise di aumentare il numero di Pz.Kpfw. IV da fornire incrementando la quantità prima da 12 a 43 mezzi e poi a 91. Per quanto riguardava invece i cannoni d'assalto, anche qui i tedeschi decisero di aumentare il numero di StuG III da consegnare, dai 20 previsti ai 55 mezzi richiesti, precisando però che tali mezzi non erano da inserire all'interno del Reggimento di artiglieria della Brigata ma da inquadrare in formazioni indipendenti a supporto della fanteria.

Tra il febbraio e il maggio 1943 i tedeschi consegnarono 14 moderni carri medi Pz.Kpfw. IV[11] e i primi 15 cannoni d'assalto StuG III Ausf.G, mezzi destinati a diventare l'equipaggiamento standard delle forze corazzate bulgare, che consentirono di destinare i carri più obsoleti a compiti addestrativi e/o di supporto alla fanteria nelle operazioni antipartigiani.

I primi 5 StuG III Ausf. G vennero consegnati nel mese di febbraio, seguiti da altri 10 tra marzo e aprile, i successivi 40 mezzi arrivarono in quattro lotti mensili: 10 nel lotto 2 a maggio, 10 nel lotto 3 tra giugno e luglio, 10 nel lotto 4 da agosto a settembre e gli ultimi 10 nel lotto 5 da fine settembre a

---

9 I carri armati Pz.Kpfw. IV in Bulgaria vennero denominati "boyna kola Maybach T-IV" - бойна кола Maybach T-IV, dove la T indicava che il veicolo era tedesco, ma la denominazione comune era il più delle volte T-IV. In alcuni casi viene indicato come "Majbakh T-IV".

10 I cannoni d'assalto StuG III in Bulgaria vennero denominati SO-75 ("samokhodno orudie" - cannone semovente) o StuG 40, anche se alcune fonti li indicano come "Majbakh T-III".

11 3 Pz.Kpfw. IV bulgari furono distaccati presso la scuola di combattimento tedesca a Niš, rimanendo sempre lì fino alla dichiarazione di guerra della Bulgaria alla Germania nel settembre 1944, quando vennero catturati dai tedeschi e riutilizzati dai loro reparti.

novembre, consentendo così alla Bulgaria di avere tutti i 55 StuG III previsti entro la fine del 1943[12].
Il 10 giugno 1943 a Sofia venne costituito il 1° SAO - shturmovo artileriĭsko otdelenie (Distaccamento artiglieria d'assalto), che rimase nella capitale fino al settembre 1944, quando venne inviato a combattere in Jugoslavia. Il 10 settembre fu costituito, sempre a Sofia, il 2° SAO che, nel mese di novembre, venne trasferito nella città di Haskovo mentre nell'aprile 1944 fu inviato nel villaggio di Uzundzhovo per poi spostarsi a Plovdiv. Il 1° SAO venne incorporato nella 1ª Armata e il 2° SAO nella 2ª Armata.
Ogni SAO era strutturato su:
- Quartier Generale
- Batteria Quartier Generale: 2 StuG III
- 1ª Batteria – 1 StuG III comando batteria + 3 Plotoni ognuno con 2 StuG III
- 2ª Batteria – 1 StuG III comando batteria + 3 Plotoni ognuno con 2 StuG III
- 3ª Batteria – 1 StuG III comando batteria + 3 Plotoni ognuno con 2 StuG III

In totale ogni SAO aveva in dotazione 25 StuG III[13].
In sostituzione dei 25 carri armati Pz.Kpfw I da addestramento e dei 10 carri armati Pz.Kpfw III che il Ministero della Guerra bulgaro aveva richiesto, i tedeschi, dopo aver inizialmente rifiutato la loro consegna, negoziarono un nuovo accordo in base al quale vennero consegnati 10 carri armati Pz.Kpfw 38(t) al posto dei Pz.Kpfw III, mentre per i Pz.Kpfw I, non più in produzione, furono proposti 19 carri leggeri Hotchkiss H39 e 6 SOMUA S35, carri francesi di preda bellica. I carri francesi furono rifiutati dalla Bulgaria, a causa della pessima esperienza maturata con gli R35, ma i tedeschi furono irremovibili e non modificarono i materiali da loro individuati, predisponendo la consegna degli Hotchkiss e dei SOMUA. Per mitigare le forti rimostranze dei bulgari, vennero inviate gratuitamente anche 13 autoblindo Sd.Kfz. 222 e 7 Sd.Kfz. 223.
Il 20 maggio 1943 i tedeschi consegnarono i 10 Pz.Kpfw 38(t)[14] come concordato. Si trattava di mezzi appartenenti alle serie Ausf A, B, E, F e G in riparazione presso la fabbrica ČKD, che furono tutti assegnati alla 9ª Compagnia.
Presso la scuola di combattimento di Niš, il 19 maggio 1943 venne completato il primo corso per gli equipaggi bulgari destinati ai Pz.Kpfw. IV. Dei 14 carri consegnati dai tedeschi presso la scuola, 3 rimasero a disposizione per l'addestramento degli altri equipaggi a Niš, mentre gli altri 11, con i rispettivi equipaggi, rientrarono in Bulgaria e vennero suddivisi fra le quattro Compagnie di carri armati e utilizzati per l'addestramento, in attesa della consegna degli altri lotti di Pz.Kpfw. IV.
Nonostante l'arrivo dei nuovi carri armati e l'addestramento specifico presso le scuole tedesche dei carristi destinati ai nuovi mezzi, che avevano migliorato la qualità del Reggimento corazzato, la Brigata continuava ad avere una resa operativa alquanto scarsa. Da alcuni mesi il tenente colonnello Genov, comandante della Brigata, lamentando carenza di benzina, personale in congedo, maltempo e altre scuse, rallentava i programmi di addestramento stabiliti dai tedeschi. A fronte di tale atteggiamento non collaborativo, il colonnello Gäde si lamentò ripetutamente con il Ministro della Guerra bulgaro, cercando di risolvere in modo definitivo il problema, ma purtroppo le sue lamentele non sortirono alcun effetto.
La carenza di addestramento era così evidente che, durante le manovre effettuate alla fine dell'agosto 1943 a nord di Sofia sia dalla Brigata che dal distaccamento di cannoni d'assalto, la valutazione di tutte le unità fu scarsa.
Alla data del 3 settembre 1943 risultavano consegnati in totale 46 Pz.Kpfw. IV.

---

12 La consegna dei 55 StuG III in 5 lotti così come descritta nella realtà non avvenne, in quanto nel corso del 1943 furono consegnati solo 25 mezzi, con i restanti 30 che arrivarono tra gennaio e febbraio 1944.
13 I cinque StuG III non in servizio nei due SAO rimasero in dotazione alla scuola di combattimento tedesca di Niš e, nel settembre 1944 quando la Bulgaria cambiò alleanza, furono riutilizzati dai reparti germanici.
14 I carri armati Pz.Kpfw 38(t) in Bulgaria vennero denominati "boĭna kola Praga" - бойна кола Прага, ma vennero comunemente chiamati "Praga".

▲ Un carro armato Vickers Mk. E impegnato nelle manovre militari svoltesi a Yambol nel 1940.

▼ Il carro armato Vickers Mk. E, B60021, appartenente alla 10ª Compagnia di Addestramento, nella caserma a Malo Bucino il 20 luglio 1944.

▲ Il carro armato Vickers Mk. E, B60017, della 2ª Compagnia, ripreso all'interno della caserma.

▼ Ufficiali del 1° Reggimento corazzato posano davanti ad un carro armato Škoda T-11 impegnato nelle manovre estive nel 1941.

▲ Alcuni ufficiali appartenenti al QG del 1° Reggimento Corazzato posano davanti ad un carro armato Škoda T11, B60052, durante le manovre estive svolte a Nova Zagora nel 1942.

▼ Un carro armato Škoda LT vz. 35 circondato da carristi durante esercitazioni estive a fine anni '30.

▲ Una Compagnia di R35 "Reno", impegnata nelle esercitazioni nell'autunno 1941, sosta lungo una strada accolta dalla popolazione locale.

▼ Ufficiali carristi, dell'artiglieria e della fanteria motorizzata, appartenenti al Reggimento corazzato, durante le manovre estive a Nova Zagora nel 1942.

▲ Colonna di carri armati R35 "Reno" in marcia durante le manovre del 1941.

▲ Il carro armato Vickers Mk. E, B60017, verniciato in verde scuro uniforme, nella caserma a Malo Bucino nel 1943.

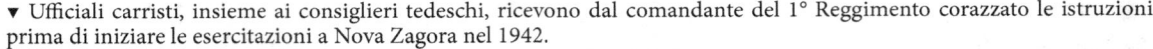

▲ Carri armati R35 "Reno", appartenenti al 2° Battaglione corazzato, durante le manovre estive nel 1941. Il primo carro è immatricolato B60203.

▼ Ufficiali carristi, insieme ai consiglieri tedeschi, ricevono dal comandante del 1° Reggimento corazzato le istruzioni prima di iniziare le esercitazioni a Nova Zagora nel 1942.

LA BRONIRANA BRIGADA

Il 1° ottobre 1943, in attuazione dell'ordinanza ministeriale n° 375 emanata dal Ministero della Guerra in data 29 settembre, venne ufficialmente costituita la 1ª Brigata corazzata dell'Esercito bulgaro: la Bronirana Brigada (Бронирана бригада). In pratica il Reggimento corazzato veniva elevato a livello di Brigata corazzata, come d'altra parte era già considerata dai tedeschi, procedendo all'ampliamento, ristrutturazione e riorganizzazione dei reparti attualmente in servizio nel Reggimento.

Nel Reggimento corazzato, strutturato su tre Battaglioni carri ognuno con due compagnie su Pz.Kpfw. IV e una su Škoda, si ovviò alla mancanza dei carri tedeschi nel 3° Battaglione distribuendo gli equipaggi fra le Compagnie degli altri due per consentire l'addestramento degli equipaggi, fino a quando non vennero consegnati i nuovi Pz.Kpfw. IV. Ogni Compagnia carri medi doveva avere un organico tabellare di 14 Pz.Kpfw. IV[15].

Venne anche costituito un Battaglione genio su due Compagnie genieri, implementando l'originale Compagnia presente, e una Compagnia ponti, mentre la Compagnia trasmissioni fu ampliata a Battaglione, anche se ancora in via di completamento.

Con l'arrivo dei nuovi carri armati, finalmente fu possibile eliminare i Renault R35 dalla dotazione della Brigata. Gli R35 vennero trasferiti nella città di Sliven, dove furono utilizzati contro il movimento partigiano che stava prendendo piede nella zona. Successivamente un reparto costituito da 10 R35 venne assegnato in supporto alla 29ª Divisione di fanteria, appartenente al Corpo di occupazione bulgaro in Serbia, di stanza a Vranje e impegnata nella lotta contro i partigiani di Tito. Nel mese di novembre prima il maggiore Kahl, e poco dopo il colonnello von Jungenfeldt, subentrarono come consigliere di addestramento della Brigata. Fu proprio grazie al tenace lavoro del colonnello Jungenfeldt che la Bronirana Brigada assunse la sua prontezza operativa nel 1944.

Durante il 1943 emerse con maggiore intensità un chiaro segno di attendismo da parte della popolazione e dei militari, le continue sconfitte subite su tutti i fronti dall'Asse e il sentimento filorusso sempre più marcato, che a dire il vero non era mai venuto meno degli anni precedenti, si manifestarono in modo più pronunciato. Soprattutto tra gli ufficiali era palese questo atteggiamento, che si concretizzava nel ritardare l'addestramento, posporre i compiti assegnati, mostrare scarsa collaborazione nei confronti del personale tedesco distaccato presso la Brigata.

In data 15 dicembre 1943, i tedeschi redassero un rapporto nel quale venivano elencati i mezzi corazzati previsti dal Reggimento corazzato in forza alla Brigata:

- Reggimento corazzato
- 1° Battaglione Carri
    - 1ª Compagnia: 14 Pz.Kpfw. IV
    - 2ª Compagnia: 14 Pz.Kpfw. IV
    - 3ª Compagnia: 16 Škoda
- 2° Battaglione Carri
    - 4ª Compagnia: 14 Pz.Kpfw. IV
    - 5ª Compagnia: 14 Pz.Kpfw. IV
    - 6ª Compagnia: 16 Škoda
- 3° Battaglione Carri
    - 7ª Compagnia: in attesa di carri armati
    - 8ª Compagnia: in attesa di carri armati

---

15 Secondo alcuni autori l'organico della Compagnia era di 14 o 15 carri armati, ma a tale numero corrisponderebbe un numero di Pz.Kpfw. IV consegnati dai tedeschi molto superiore a quello effettivamente immatricolato in Bulgaria. Il numero di 12 Pz.Kpfw. IV per Compagnia, citato in altri testi, è quello che più corrisponde al totale dei carri armati entrati in servizio.

- o   9ª Compagnia: 10 Škoda "Praga"
- Battaglione Esplorante: 13 M-222 e 7 M-223

Alla data del 31 dicembre 1943 i tedeschi avevano consegnato alla Bulgaria i seguenti carri armati:
- 46 Pz.Kpfw. IV
- 25 StuG III
- 10 Pz.Kpfw 38(t)
- 13 Sd.Kfz. 222
- 7 Sd.Kfz. 223

Tra gennaio 2 febbraio 1944 vennero consegnati 30 StuG III, completando così l'ordine di 55 mezzi prevista dagli accordi, e 42 Pz.Kpfw. IV, per un totale di 88 mezzi.

Per quanto riguarda il numero totale di Pz.Kpfw. IV effettivamente consegnati ed entrati in servizio nei reparti corazzati bulgari, è necessario fare alcune precisazioni, poiché diversi autori hanno dato numeri diversi tra loro, oltre alla tipologia di modello del carro armato, questo fino al cambio di alleanza, perché poi, come vedremo successivamente, molti Pz.Kpfw. IV di modelli diversi furono consegnati dai sovietici per rimpiazzare le perdite subite.

La richiesta ufficiale del Ministero della Guerra bulgaro fu un ordine di 91 carri armati, da consegnare entro il 1943, tale richiesta venne evasa dai tedeschi entro la primavera del 1944. Secondo una fonte i Pz.Kpfw. IV ordinati e consegnati furono 97 entro il 1943, mentre le consegne effettive furono di 46 come indicato dai tedeschi nella relazione del dicembre 1943, tutti del modello G secondo almeno due fonti, mentre altre indicano modelli G e H.

I carri armati Pz.Kpfw. IV che ricevettero ufficialmente una immatricolazione in Bulgaria furono 87, più l'88° che venne accettato in servizio ma non ricevette la targa, oltre ai 3 che vennero lasciati presso la scuola di combattimento a Niš e non furono immatricolati, per un totale di 91 mezzi.

Secondo un'altra fonte, i Pz.Kpfw. IV sarebbero stati consegnati in sette lotti e i carri sarebbero stati assegnati ai seguenti reparti:
- 1° lotto consegnato il 30 aprile 1943: 3 Pz.Kpfw. IV – Scuola di combattimento a Niš
- 2° lotto consegnato tra il 24 e il 31 maggio 1943: 11 Pz.Kpfw. IV – assegnati alle 4 Compagnie del 1° e 2° Battaglione per continuare l'addestramento
- 3° lotto consegnato tra l'11 e il 20 giugno 1943:15 Pz.Kpfw. IV – assegnati al 1° Battaglione, 8 alla 1ª compagnia e 7 alla 2ª
- 4° lotto consegnato il 15 agosto 1943:15 Pz.Kpfw. IV – assegnati al 2° Battaglione, 11 alla 4ª compagnia e 4 alla 5ª
- 5° lotto consegnato tra l'11 e il 20 settembre 1943:15 Pz.Kpfw. IV – assegnati 4 alla 1ª compagnia, 3 alla 2ª, 7 alla 5ª
- 6° lotto consegnato tra il 1° e 7 novembre 1943:15 Pz.Kpfw. IV – assegnati al 3° Battaglione, 8 alla 7ª compagnia, 7 alla 8ª
- 7° lotto consegnato tra il 1° e il 20 gennaio 1944:12 Pz.Kpfw. IV – assegnati al 3° Battaglione, 6 alla 7ª compagnia, 6 alla 8ª

In totale i reparti corazzati dell'Esercito bulgaro avrebbero avuto in servizio 86 carri armati Pz.Kpfw. IV dei quali 83 nella Bronirana Brigada e 3 presso la scuola di combattimento tedesca a Niš.

Le fonti tedesche hanno sempre affermato di aver consegnato un totale di 88 Pz.Kpfw. IV alla Bulgaria che, nel rapporto sulla consistenza dei carri armati in servizio alla data del 1° giugno 1944, confermano il numero di 88 carri armati ricevuti. Si può quindi affermare che furono effettivamente 88 i carri armati Pz.Kpfw. IV consegnati dai tedeschi alla Bulgaria e utilizzati per armare i 3 Battaglioni in servizio nel Reggimento corazzato della Bronirana Brigada.

La capitale della Bulgaria, Sofia, il 10 gennaio 1944 venne pesantemente bombardata dai bombardieri appartenenti alla 15ª Air Force, che causarono numerose vittime e pesanti danni. Poichè erano possibili ulteriori incursioni aeree, i Comando ordinò il trasferimento della Bronirana Brigada allontanandola dall'area cittadina. Il Quartier Generale e il Reggimento di Fanteria motorizzato furono trasferiti a Ihtiman, il Reggimento di Artiglieria motorizzato a Vakarel, il Reggimento Corazzato a Novihan, mentre i Battaglioni anticarro, di ricognizione e del genio raggiunsero Samokov.

Durante il trasferimento a Novihan, distante 25 km dalla capitale, molti carri armati Škoda e "Praga" vennero rimorchiati dai Pz.Kpfw. IV. I bombardamenti colpirono la caserma dove era dislocato il 1° SAO, provocando la morte di 7 militari, per cui fu disposto il suo trasferimento a Novoselze, a 24 km da Sofia, dove venne impegnato in alcune operazioni contro i partigiani comunisti. Il 2° SAO continuò invece il suo addestramento a Khaskovo, integrando le nuove reclute.

Nei mesi di gennaio e febbraio 1944 nella Bronirana Brigada giunsero 400 riservisti, che contribuirono a rimpinguare l'organico del Reggimento Corazzato notevolmente sottodimensionato.

Nel febbraio 1944 vennero consegnato i carri armati Hotchkiss H39 e i SOMUA S35, che però non entrarono a far parte dell'esercito, ma vennero consegnati alla Gendarmeria, che li utilizzarono brevemente nella lotta alle forze partigiane che avevano iniziato la loro attività in alcune zone della Bulgaria.

Durante l'inverno e la primavera del 1944, continuò l'addestramento dei reparti della Bronirana Brigada sotto la supervisione dei consiglieri tedeschi. Il 10 maggio, in applicazione di un decreto generale emanato dal Ministero della Guerra a tutte le unità, venne ordinato alla Bronirana Brigada di raggiungere entro 5 giorni l'organico previsto dalle tabelle organiche e la piena disponibilità dei mezzi in servizio.

Il colonnello Gäde inviò all'OKW, il 1° giugno, un rapporto dettagliato relativo alla situazione riguardante la Bronirana Brigada. Nel rapporto veniva specificato che l'organico riferito al Reggimento corazzato era al 70-75% riguardo alle tabelle organiche, anche se si sottolineava la grave carenza di personale tecnico, mentre per gli altri reparti della Brigata erano all'80-90%. Per quanto riguarda i mezzi si segnalava che la disponibilità dei Pz.Kpfw. IV era dell'85%, mentre per la riparazione dei restanti mezzi erano previsti 14 giorni, per gli Škoda invece si stimava che solo 15-20 carri armati avrebbero potuto essere riparati causa la carenza di pezzi di ricambio. Era invece dall'85 al 90% la disponibilità dei veicoli motorizzati in organico.

Nel suo rapporto, il colonnello Gäde segnalava, per l'ennesima volta, che la valutazione dell'addestramento della Brigata variava da debole ad accettabile, e che fino a fine luglio non sarebbe stata pronta ad entrare in azione. Inoltre, la tabella dell'organizzazione e dell'equipaggiamento della Bronirana Brigada prevedeva tre Battaglioni di fanteria motorizzata e due compagnie motociclistici, al momento però erano presenti solo due dei primi e una delle seconde.

Il 14 giugno venne nuovamente raccomandata, dal colonnello Gäde, l'immediata sostituzione del comandante della Brigata, il colonnello Genov, ritenuto dai tedeschi non adatto al comando poiché non possedeva le conoscenze tecniche idonee a comandare un reparto corazzato, dimostrava scarsa collaborazione con i componenti della missione di addestramento tedesca, era divenuto comandante della Brigata, secondo loro, non per le capacità dimostrate ma per l'amicizia con il defunto Zar Boris III. Nonostante questa ennesima richiesta di sostituzione inviata dai tedeschi, il Ministero della Guerra non intervenne e il colonnello Genov rimase al comando della Bronirana Brigada.

La Bronirana Brigada nel luglio 1944 aveva la seguente struttura:
- Quartier Generale di Brigata
- Plotone Motociclisti
- 1° Reggimento Corazzato
    - Quartier Generale

- o Compagnia corazzata: 13 Pz.Kpfw. IV
- o Officina Manutenzione
- o Plotone trasmissioni
- o Plotone Genio
- 1° Battaglione Corazzato
    - o Quartier Generale: 1 Pz.Kpfw. IV
    - o 1ª Compagnia: 12 Pz.Kpfw. IV
    - o 2ª Compagnia: 12 Pz.Kpfw. IV
    - o 3ª Compagnia: 12 Škoda
- 2° Battaglione Corazzato
    - o Quartier Generale: 1 Pz.Kpfw. IV
    - o 4ª Compagnia: 12 Pz.Kpfw. IV
    - o 5ª Compagnia: 12 Pz.Kpfw. IV
    - o 6ª Compagnia: 12 Škoda
- 3° Battaglione Corazzato
    - o Quartier Generale: 1 Pz.Kpfw. IV
    - o 7ª Compagnia: 12 Pz.Kpfw. IV
    - o 8ª Compagnia: 12 Pz.Kpfw. IV
    - o 9ª Compagnia: 10 Škoda "Praga"
- Plotone carri armati riserva: 12 Škoda
- 10ª Compagnia di Addestramento: 8 Vickers, 14? Ansaldo
- 11ª Compagnia di Addestramento: R35 (di stanza a Sliven)
- 1° Reggimento di Fanteria motorizzato
    - o Quartier Generale
    - o Plotone Genio
    - o Plotone motociclisti
    - o Plotone trasmissioni
- 1° Battaglione fucilieri motorizzato
    - o 3 Compagnie fucilieri
    - o 1 Compagnia armi accompagnamento
- 2° Battaglione fucilieri motorizzato
    - o 3 Compagnie fucilieri
    - o 1 Compagnia armi accompagnamento
- 3° Battaglione fucilieri motorizzato
    - o 3 Compagnie fucilieri
    - o 1 Compagnia armi accompagnamento
- Battaglione Ricognizione
    - o 2 Compagnie Motociclisti
    - o 1 Compagnia Autoblindo: 18 M-222 e M-223
- Plotone genio
- Plotone mortai
- Plotone anticarro
- Compagnia manutenzione motorizzata
- Reggimento motorizzato di Artiglieria
    - o Quartier Generale
    - o Plotone di osservazione della batteria
    - o Plotone trasmissioni

- 1° Battaglione artiglieria motorizzato
    - Plotone trasmissione
    - 3 Batterie motorizzate: 12 leFH 18 10,5 cm
- 2° Battaglione artiglieria motorizzato
    - Plotone trasmissione
    - 2 Batterie motorizzate: 8 sFH 18 15 cm
- Battaglione anticarro motorizzato
    - 2 Compagnie anticarro leggere: 18 PaK 38 5 cm
    - 1 Compagnia anticarro pesante: 6 PaK 40 7,5 cm
- Battaglione antiaereo motorizzato
    - Batteria antiaerea leggera: 12 FlaK 2 cm
    - Batteria antiaerea media: 9 FlaK 3,7 cm
    - Batteria antiaerea pesante: 6 FlaK 8,8 cm
- Battaglione genio motorizzato
    - 2 Compagnie genio
- Battaglione trasmissioni
- Servizi vari

L'organico totale della Bronirana Brigada era di 9.340 tra ufficiali, sottufficiali, graduati e truppa[16]. Il totale dei mezzi e delle armi in servizio era di: 140 carri armati, 8 obici pesanti, 12 obici leggeri, 27 cannoni antiaerei tra leggeri/medi/pesanti, 36 cannoni anticarro, 40 mortai, 192 mitragliatrici pesanti, 378 mitragliatrici leggere, 245 fucili mitragliatori, 6.485 fucili. Erano inoltre presenti: 133 tra motocicli e sidecar nel Battaglione ricognizione, 369 camion, dei quali 206 Steyr 440/640, nel Reggimento di fanteria, 190 tra autocarri e trattori nel reggimento di artiglieria[17], 30 dei quali Sd.Kfz 7 da 8 tonnellate[18].

Il 12 agosto 1944 il Reggimento corazzato superò le prove completando il percorso addestrativo gestito dal personale tedesco, consentendo così alla Bronirana Brigata di essere dichiarata pronta al combattimento. In considerazione della conclusione dell'addestramento, la maggior parte dei consiglieri tedeschi lasciò la Brigata, sostituiti da un piccolo reparto di collegamento (DVK 162) al comando del tenente Irmscher.

Anche nell'estate del 1944 continuò la consegna alla Bulgaria di armi e materiale tedesco, a fine agosto erano in viaggio dalla Germania numerosi convogli con armi, equipaggiamenti, munizioni di vario tipo e 3 carri comando Panzerbefehlswagen IV. Avuto sentore del probabile cambio di alleanza della Bulgaria, i tedeschi, il 25 agosto, decisero di dirottare i carichi dei convogli in viaggio nei Balcani, destinando il materiale alle unità tedesche schierate nell'area balcanica.

I 3 Panzerbefehlswagen IV vennero inviati a Niš dove, dopo la dichiarazione di guerra della Bulgaria, vennero riutilizzati dalle truppe tedesche.

Alla data del 14 settembre 1944, i Battaglioni del Reggimento corazzato avevano in servizio tutti i carri armati previsti: 37 carri armati e 11 autocarri il 1° e il 2°, 35 carri armati e 11 autocarri il 3°.

16 Secondo altre fonti la brigata avrebbe avuto un organico totale di 9.950 uomini.
17 RSO/1: Sì, sono stati consegnati 40 veicoli per il Battaglione anticarro motorizzato della Brigata Corazzata. Si sono dimostrati inadatti a trainare i cannoni PAK 40 schierati dal battaglione. Alla fine, gli RSO/1 furono usati come trattori per gli obici leFH18/leFH 18/40.reggimento di artiglieria motorizzata al traino di obici leggeri da 10,5 cm. La brigata corazzata ha testato il traino di un cannone anticarro PaK 40 da 7,5 cm ma è risultato che i trattori sono lenti e inadatti allo scopo. Alla fine la Brigata Corazzata trovò un trattore che copriva i suoi requisiti per il traino del PAK 40. Era il Ford V3000 S/SSM "Maultier" (Sd.Kfz. 3b) Nove veicoli sono stati consegnati alla Brigata Corazzata, dove sono stati utilizzati per trainare cannoni antiaerei da 3,7 cm M 36 (3,7 cm Flak 36).
18 Gli Sd.Kfz.7 (Sonder-Kraftfahrzeug 7 – mittlerer Zugkraftwagen 8 t) vennero denominati nell'Esercito bulgaro KM11. Sei Sd.Kfz. 7 vennero utilizzati per il traino dei cannoni Flak da 8,8 cm nella batteria pesante antiaerea della Bronirana Brigata.

▲ Tre autoblindo M-222 appena consegnate dai tedeschi all'esercito bulgaro nel 1943, sono ancora disarmate e non immatricolate.

▼ Un'autoblindo M-222, una M-223 e una M-222, appartenenti al Battaglione Ricognizione della Bronirana Brigada, nell'estate del 1944

▲ Autoblindo M-222 in servizio nel Battaglione Ricognizione della Bronirana Brigada. Nella fotografia si nota perfettamente il simbolo della Brigada, i 4 cerchi, e quello del Battaglione, il fiore che sboccia.

▼ I primi esemplari di carri armati Pz.Kpfw. IV Ausf. G (T-IV Maybach) consegnati dai tedeschi alla Bulgaria, si nota ancora la croce bianca dipinta sul fianco del veicolo che poi verrà cancellata dai bulgari.

▲ Altra fotografia dei primi esemplari di carri armati Pz.Kpfw. IV Ausf. G (T-IV Maybach), consegnati dai tedeschi alla Bulgaria, ripresa da un diverso lato.

▼ Due carri armati T-4 Maybach e un'autoblindo M-222 in marcia su terreno fangoso durante le esercitazioni invernali nei primi mesi del 1944.

▲ Un carrista si è fatto fotografare a bordo di un carro armato T-4 Maybach, consegnato da pochi giorni, nei primi mesi del 1944.

▼ Uno dei primi carri armati Pz.Kpfw. IV Ausf. G consegnati durante l'addestramento dei carristi bulgari.

▲ Un carro armato Pz.Kpfw. IV appena consegnato al 1° Reggimento corazzato nell'estate 1943.

▼ Un carro T-4 Maybach impegnato nelle esercitazione invernali dei primi mesi del 1944 con il supporto della fanteria.

▲ Carro armato T-IV Maybach ((Pz.Kpfw. Ausf. G) durante un trasferimento nell'autunno 1943.
▼ Colonna di StuG III ripresi durante una cerimonia in Bulgaria alla fine del 1943.

▲ StuG III appena consegnati dai tedeschi, da notare dietro ai cannoni d'assalto alcuni autocarri Renault AHN.

▼ Uno StuG III, ancora con la croce tedesca dipinta sui fianchi della casamatta, probabilmente in servizio presso la Scuola di Niš, circondato dai carristi bulgari in addestramento.

▲ Un trattore semicingolato Sd.Kfz 7 da 8 tonnellate, KM11 per i bulgari, in servizio nella Bronirana Brigada per il traino dei cannoni da 88 mm.

▼ Carri armati T-IV Maybach ripresi durante l'addestramento nel 1943.

▲ La colonna di StuG III del 1° SAO, shturmovo artileriisko otdelenie, in movimento verso il campo di addestramento nell'autunno 1943, guida la colonna il cannone d'assalto B60513 appartenete alla Batteria comando.

▼ Un carro armato leggero Hotchkiss H39, in servizio nella Gendarmeria bulgara nel 1944, restaurato ed esposto presso il Museo Nazionale di Storia Militare di Sofia.

IL COLPO DI STATO

Avere la Bronirana Brigata pronta al combattimento, proprio mentre si intensificavano le voci di una possibile rottura dell'alleanza e del passaggio della Bulgaria nel campo nemico, diventò improvvisamente un motivo di notevole preoccupazione per l'OKW. Venne quindi elaborato un piano segreto per mettere fuori combattimento i reparti corazzati bulgari, utilizzando, per svolgere questa delicata operazione, un'unità speciale chiamata "Verband Collins", il cui compito era quello di sabotare tutti i carri armati e i cannoni d'assalto per impedire ai reparti bulgari di combattere contro le truppe tedesche.

Il personale della "Verband Collins", composto da istruttori proveniente dalla scuola di combattimento di Niš, sarebbe stato concentrato presso la base tedesca di Plovdiv e quindi suddiviso in quattro gruppi destinati ad operare contro i reparti bulgari dislocati presso le seguenti località:
- 1° Gruppo: a Plovdiv contro il 2° SAO dotato di 25 StuG. III
- 2° e 3° Gruppo: a Plovdiv e Pasardjik contro il Reggimento Corazzato dotato di 88 Pz.Kpfw. IV
- 4° Gruppo: nell'area di Sofia contro il 1° SAO dotato di 25 StuG .III

Il sabotaggio, da effettuare da parte dei militari tedeschi, consisteva nel rimuovere e/o distruggere parti critiche e indispensabili al funzionamento dei mezzi. Il precipitare degli eventi, e la velocità con cui si avverarono, non consentì la messa in opera del piano, lasciando così intatti e pronti all'uso i carri armati e i cannoni d'assalto bulgari.

Il Governo del Primo Ministro Bagrjanov il 26 agosto 1944 dichiarava che la Bulgaria sarebbe rimasta neutrale, nonostante la minaccia costituita dall'Armata Rossa che aveva occupato quasi integralmente la Romania, e iniziava trattative di pace con gli Stati Uniti e il Regno Unito. Il Partito Comunista Bulgaro, nella stessa giornata, proclamava che la conquista del potere, attraverso una rivolta popolare, era il suo obiettivo principale.

Il 2 settembre venne costituito un nuovo governo e nominato Primo Ministro Konstantin Muraviev, che continuò i negoziati di pace, sostenne nuove riforme democratiche e ordinò il ritiro dalla Bulgaria delle truppe tedesche. Continuò però anche la lotta contro i partigiani, non formalizzò l'uscita dal Patto Tripartito e non cercò di normalizzare le relazioni con l'Unione Sovietica.

L'Unione Sovietica il 5 settembre 1944 dichiarò guerra alla Bulgaria, ordinando all'Armata Rossa di procedere con l'invasione che in soli tre giorni, visto l'assenza totale di resistenza da parte dei reparti dell'esercito bulgaro, consentì ai sovietici di occupare la regione nord-occidentale e i porti principali di Varna e Burgas.

Tra il 5 e l'8 settembre venne perfezionato il piano operativo del colpo di stato, al quale avrebbero partecipato i partigiani, gruppi di combattimento del PCB[19] e l'esercito del Fronte Patriottico, da attuarsi nella notte del 9 settembre e che avrebbe consentito di assumere il controllo della Bulgaria. La Bronirana Brigada, i cui reparti erano stati decentrati in varie località a seguito dei bombardamenti aerei statunitensi su Sofia, ricevette l'ordine di riunire tutti i reparti entro il 5 settembre e di prendere posizione nella zona ad occidente della capitale, con il compito di presidiare la strada tra Sofia e Niš e bloccare il movimento delle forze tedesche in ogni direzione. Il movimento della Brigata si sviluppò e concluse entro la mattinata del 5, rispettando perfettamente la tabella di marcia prevista dall'ordine ricevuto. Il Battaglione Esplorante venne invece schierato nella capitale Sofia per svolgere compiti di sicurezza.

In applicazione di quanto dichiarato dal Governo Muraviev, relativo al disarmo delle truppe tedesche stanziate sul territorio bulgaro, il 7 settembre reparti della Brigata si scontrarono con unità

---
19 Partito Comunista Bulgaro.

motorizzate tedesche in ritirata nei pressi di Ihtiman. I reparti tedeschi furono disarmati e catturati, i prigionieri vennero successivamente trasferiti a Sofia.

Un contributo essenziale per la riuscita del colpo di stato fu dato proprio dai reparti appartenenti alla Bronirana Brigada, dove alcuni ufficiali in servizio nel Reggimento corazzato erano in contatto, da tempo, con membri del movimento "Zveno"[20], attore principale della rivolta. Gli ufficiali maggiormente coinvolti erano il maggiore Bosilkov, comandante di Battaglione, e i capitani Tsenov, Petrov e Slavkov, tutti comandanti di Compagnia. Nel primo pomeriggio dell'8 settembre un ufficiale appartenente a "Zveno", che teneva i collegamenti con i vertici dei rivoltosi (Georgiev e Velchev), si presentò al capitano Tsenov per comunicargli che il Reggimento corazzato, in pieno assetto da combattimento, doveva essere pronto a muovere a ore, informandolo che entro sera sarebbe tornato per notificare la parola d'ordine che dava inizio al colpo di stato. Alle 18 l'ufficiale ritornò e comunicò a Tsenov la parola d'ordine.

Dalle 16,30 la Bronirana Brigada era in stato di allerta su ordine del colonnello Genov, su mandato del Ministro della Guerra generale Marinov. Alle 23,30 la colonna corazzata con in testa la Compagnia al comando del capitano Tesnov si mosse in direzione di Sofia. Alle 2,30 del 9 settembre, la colonna raggiunse Orlov Most, il ponte delle Aquile, nel centro della capitale, dove sostò in attesa di ulteriori ordini.

Dopo pochi minuti di attesa, giunsero alcuni ufficiali dello Stato Maggiore e della riserva che assegnarono ai carristi del Reggimento corazzato il controllo e la difesa del Ministero della Guerra, del Ministero delle Finanze, del Ministero degli Interni, della Borsa, dell'Assemblea Nazionale, del Palazzo del Governo, della stazione centrale, della sede di Radio Sofia e di altri edifici sedi di uffici governativi. I carri armati vennero dislocati anche nel Giardino Borisova, presso la Zecca di Stato e negli incroci e aree strategiche della capitale.

Durante la notte il capitano Tsenov fu l'ufficiale che mantenne continuamente i contatti tra il comando dei rivoltosi e la Bronirana Brigada.

Nella mattinata del 9 settembre venne costituito il nuovo Governo che nominò come Primo Ministro Kimon Georgiev, leader del partito "Zveno", che, nella medesima giornata, chiese immediatamente l'armistizio all'Unione Sovietica e dichiarò guerra alla Germania nazista.

Nei giorni immediatamente successivi al colpo di Stato, la Bronirana Brigada venne schierata a protezione della capitale Sofia per fare fronte ad un ipotetico attacco tedesco proveniente dalla zona jugoslava di Pirot - Niš. Anche il Reggimento corazzato, schierato con i suoi carri armati nella capitale con il compito di impedire eventuali azioni di contro-golpe da parte di soggetti di fede nazista, nei primi giorni dopo il colpo di Stato si ricongiunse alla Brigada.

LA PRIMA FASE DELLA GUERRA PATRIOTTICA

Dopo aver dichiarato guerra alla Germania, il Governo mise le forze dell'Esercito bulgaro a disposizione del 3° Fronte ucraino, comandato dal maresciallo Fëdor Ivanovič Tolbuchin. Iniziò anche l'epurazione della componente monarchica all'interno delle Forze Armate, compresa la sostituzione della maggior parte degli ufficiali con militari legati o simpatizzanti con il regime comunista. Il cambio della maggior parte dei quadri intermedi e superiori, creò inizialmente situazioni di indisciplina in molti reparti, per cui fu necessario ricorrere al rientro in servizio di molti degli ufficiali precedentemente epurati.

---

20 Il movimento "Zveno" era una organizzazione bulgara, con finalità politiche e militari, fondata nel 1930 da ufficiali dell'esercito e intellettuali. I colonnelli Damjan Velčev e Kimon Georgiev, leader dello Zveno, nel 1934 furono gli artefici del colpo di Stato che impose una dittatura in Bulgaria. Nel 1944 Zveno si unì al fronte patriottico e collaborò al colpo di Stato che rovesciò la monarchia.

▲ Due carri armati T-IV Maybach schierati in una piazza della capitale il 9 settembre 1944 durante il colpo di Stato.

▼ Il colonnello generale Damyan Velchev, Ministro della Difesa dal settembre 1944 dopo il colpo di Stato, in visita ad un reparto dell'esercito nell'autunno 1944.

▲ Un bombardiere americano B-24 "Liberator" ripreso durante uno dei bombardamenti sulla capitale della Bulgaria, Sofia, nei primi mesi del 1944.

Il comandante della Bronirana Brigada, colonnello Genov, il 13 settembre venne destituito, al suo posto venne insediato il colonnello della riserva Stoyan Konstantinov Trendafilov, promosso a maggiore generale. Il comandante del Reggimento corazzato, tenente colonnello Dikov, venne promosso a colonnello.
La Bronirana Brigada, una delle poche unità perfettamente equipaggiata e addestrata dell'esercito bulgaro, disponeva a metà settembre di: 88 carri armati Maybach T-IV, 36 tra Škoda 35 e T-11, 10 Praga, 20 autoblindo M-222 e M-223.
Il Reggimento corazzato, al comando del colonnello Dikov, venne assegnato in supporto alla 1ª Armata bulgara, con il compito di avanzare in direzione di Pirot – Niš e respingere i tedeschi. Scontrandosi con la retroguardia tedesca durante una ricognizione nell'area di Pirot, uno Škoda Š-35 venne immobilizzato dal fuoco dei cannoni anticarro, mentre anche un Maybach T-IV fu messo fuori combattimento, anche se il carro fu successivamente recuperato e riparato presso l'officina da campo.
Durante i combattimenti a supporto del 35° Reggimento di fanteria bulgaro, il 17 settembre, a causa della scarsa attività di ricognizione, nell'area di Milin Kamŭk le compagnie del 2° Battaglione, al comando del tenente colonnello Alexander Bosilkov, e del 3° Battaglione, comandato dal capitano Ivan Gyumbabov, finirono in un campo minato. A causa delle mine, del fuoco dei cannoni anticarro e dell'artiglieria, fu soprattutto la 7ª Compagnia, dotata di Maybach T-IV, ad essere particolarmente colpita venendo distrutta, visto che perdette, tra carri distrutti e danneggiati, 10 carri armati.
In soli due giorni la Brigada perse 41 carristi, tra morti e feriti, e 11 carri armati!
Il 23 settembre la Bronirana Brigada venne assegnata alla 2ª Armata bulgara, ricevendo l'ordine di muovere in direzione del confine bulgaro-serbo, movimento che completò entro la sera del 28 settembre. L'offensiva, elaborata dai Comandi sovietico, bulgaro e jugoslavo, prevedeva che reparti appartenenti alla 1ª, 2ª e 4ª Armata bulgara sviluppassero attacchi contro le unità tedesche schierate a difesa dell'area di Leskovac-Niš e nella Macedonia orientale.

L'attacco delle forze armate bulgare iniziò il 28 settembre, quando reparti della 2ª Armata, comandata dal generale K. Stanchev, avanzarono dall'area di raccolta a sud-ovest di Pirot verso la zona di Leskovac-Niš, dove i tedeschi avevano trasferito la 7. SS-Freiwilligen-Gebirgs-Division "Prinz Eugen", con il compito di assumere la difesa della città di Niš e dell'area da Zajecar nel a nord fino a Leskovac nel sud.

La prima azione offensiva venne respinta dai tedeschi senza molte difficoltà, ma, il 30 settembre, reparti esploranti bulgari, insieme a formazioni partigiane jugoslave, riuscirono a conquistare Vlasotince sopraffacendo la difesa composta da unità di cetnici e guardie di frontiera serbe. Il 6 ottobre la cittadina venne riconquistata dai reparti della "Prinz Eugen", che aveva assunto il controllo della linea difensiva con l'arrivo di tutti i suoi reparti.

Preso atto delle difficoltà a proseguire l'avanzata verso Niš, al momento bloccata, il Comando della 2ª Armata bulgara ordinò alla Bronirana Brigada di trasferire i suoi reparti a nord e di attaccare e conquistare Vlasotince e Bela Palanka. L'8 ottobre la Bronirana Brigada entrò per la prima volta in azione dalla sua costituzione, effettuando un attacco esplorativo con un reparto corazzato, supportato dall'artiglieria, contro le posizioni difensive tedesche schierate a sud-est di Bela Palanka. L'attacco venne respinto, nel pomeriggio, dal 2° Battaglione della 13. Waffen-Gebirgs-Division der SS "Handschar" che costrinse alla ritirata i carri armati bulgari.

Il 9 e parte del 10 ottobre vennero utilizzate dai Comandi bulgari per rinforzare i reparti destinati al nuovo attacco. Nella giornata del 10, dopo una consistente e accurata preparazione da parte dell'artiglieria e l'appoggio dei cacciabombardieri sovietici, partì l'attacco della Brigada, portato da 60 carri armati seguiti dalla fanteria, che colpì la linea difensiva tedesca. L'attacco ebbe successo, furono superate le linee difensive tedesche e raggiunte le rive del fiume Morava.

La città di Vlasotince venne riconquistata, dopo duri combattimenti, da un reparto corazzato forte di 21 carri armati, e dalla fanteria motorizzata, appartenenti alla Bronirana Brigada. Nonostante la presenza di numerosi cannoni anticarro PaK 38 da 5 cm, schierati dai tedeschi in posizioni strategiche a difesa della città, i carri armati bulgari riuscirono a superare le difese anticarro e sconfiggere il nemico. I soldati tedeschi, appartenenti al 3° Battaglione della 13. Waffen-Gebirgs-Division der SS "Handschar", furono costretti alla ritirata ripiegando su Ravna Dubrava, dopo aver subito pesanti perdite.

Tutta la linea del fronte nel frattempo si stava muovendo, con i reparti tedeschi che iniziavano a ritirarsi in direzione di Niš e verso i ponti che, superando la Morava, consentivano di raggiungere la sponda occidentale del fiume. Nella mattinata del 12 ottobre, per saggiare la resistenza delle nuove posizioni difensive tedesche, un gruppo di combattimento della Bronirana Brigada, costituito da 12 carri armati Maybach T-IV, effettuò un attacco nella zona di Bela Palanka, perdendo però 5 carri armati, due dei quali distrutti dai cannoni da 8,8 cm FlaK.

Mentre si svolgeva il combattimento a Bela Palanka, il grosso della Bronirana Brigada era impegnato, più a sud-ovest, nell'appoggiare l'attacco portato dalla 15ª Brigata della 47ª Divisione partigiana che, nella tarda mattinata, riuscì a liberare Leskovac. Il successo consentì al Battaglione di ricognizione della Brigada di attraversare il fiume Morava, movimento che nella tarda serata venne seguito anche dal resto dei reparti.

Il 13 ottobre la Bronirana Brigada costituì due gruppi di combattimento: il gruppo Dikov, dal nome del suo comandante, composto dalla 1ª compagnia corazzata, un'unità di artiglieria, una compagnia motorizzata e una compagnia di StuG III, e il gruppo Mutafov, comandante del reparto, con la 2ª compagnia corazzata.

Il superamento della Morava consentì alla Bronirana Brigada di percorrere la sponda occidentale del fiume il che le permise, dopo aver attraversato Brestovac, di posizionare i reparti, la mattina del 14, sulle alture che circondano il villaggio di Merosina, dove era stato appena schierato il QG della 7. SS-Freiwilligen-Gebirgs-Division "Prinz Eugen" a seguito del ripiegamento da Niš effettuato lo stesso giorno. Sfruttando la posizione favorevole e la sorpresa, i carri armati e l'artiglieria della Brigada aprirono immediatamente il fuoco distruggendo tutti i veicoli appartenenti al QG della "Prinz Eugen", oltre alle case del villaggio in cui era acquartierato il personale.

Pensando di poter conquistare facilmente il villaggio appena bombardato, il Comando della Bronirana Brigada ordinò alla fanteria di muovere all'assalto, attacco che però venne respinto con pesanti perdite. Durante la giornata i reparti della "Prinz Eugen", che precedentemente erano sparsi in un'area molto vasta, si raggrupparono a Merosina per organizzare un contrattacco, che però venne sospeso in quanto alla Divisione tedesca arrivò l'ordine di ritirarsi procedendo in direzione nord-ovest.

Con la ritirata della "Prinz Eugen" la Bronirana Brigada aveva la strada libera, così come le altre unità appartenenti alla 2ª Armata bulgara, per procedere alla liberazione del Kosovo, obiettivo fissato all'Armata bulgara dal Comando del 3° Fronte Ucraino.

Il Comando del Gruppo d'armate E (Heeresgruppe E) dell'esercito tedesco, impegnato nella ritirata dei reparti dalla Grecia, era perfettamente consapevole che, se le truppe nemiche avessero superato le linee difensive e conquistato il Kosovo, la principale direttrice di marcia verso nord: Skopje - Pristina - Mitrovica - Kraljevo sarebbe stata bloccata, con la conseguenza che tutti i reparti tedeschi provenienti da sud sarebbero stati fermati e costretti alla resa.

Il Comando tedesco reagì rapidamente a questa grave minaccia, costituendo celermente un gruppo da combattimento, al comando del colonnello Langer, formato da alcune compagnie di fanteria, una compagnia di ciclisti, una compagnia anticarro e una batteria di artiglieria ippotrainata[21]. Al Kampfgruppe Langer venne affidato il compito di bloccare e mantenere il più a lungo possibile il passo Prepolac, situato a circa 36 chilometri a nord di Pristina.

Mentre fervevano i preparativi tedeschi per bloccare il passo Prepolac, la Bronirana Brigada aveva ricevuto l'ordine di trasferirsi a sud-ovest, percorrendo la strada Prokuplje – Kursumlija. Tra il 15 e il 18 ottobre si svolsero pesanti combattimenti per la liberazione della città di Prokuplje, liberata il 16 ottobre, e la città di Kuršumlija, evacuata dai tedeschi dopo duri combattimenti notturni nella giornata del 17 ottobre.

Nella città di Kursumlija la Bronirana Brigada stabilì il suo quartier generale e dette inizio all'attività di esplorazione e ricognizione dei suoi reparti. Le compagnie motociclisti, appartenenti al Battaglione di ricognizione, furono inviate verso sud in direzione di Rača, mentre la compagnia autoblindo, dotata di 12 veicoli, al comando del maggiore Dimitrov, venne inviata sempre in direzione sud, ma su una strada parallela, in direzione di Kuršumlijska Banja, località situata a 18 km da Podujevo.

Proprio a Kuršumlijska Banja avvennero i primi scontri tra i reparti esploranti della Bronirana Brigada e i tedeschi del Kampfgruppe Langer. I combattimenti furono subito molto duri e violenti, a supporto della Brigada intervenne un Reggimento di fanteria della 4ª Divisione bulgara, che però dovette subire pesanti perdite senza riuscire a sfondare la linea difensiva tedesca. Il 21 ottobre la 9ª compagnia, operando in appoggio ai reparti di fanteria della 4ª Divisione, effettuò un attacco alle alture intorno al villaggio di Merdare, respinto dal fuoco tedesco che distrusse anche il carro armato del tenente Viniciy Petrov, comandante della compagnia.

---

21 Molti reparti del Kampfgruppe Langer appartenevano al II./IR16 - 22. Infanterie-Division di stanza precedentemente a Creta.

Il Comando della 2ª Armata, vista la situazione bloccata, ordinò alla 6ª Divisione di fanteria di raggiungere il fronte e concorrere all'attacco contro le forze tedesche poste a difesa del passo Prepolac. Il trasferimento della Divisione venne effettuato su camion, ma la zona si presentava già intasata dai mezzi degli altri reparti e congestionò ancora di più le operazioni di trasferimento e di preparazione all'attacco.

Nonostante l'arrivo dei rinforzi, l'avanzata della Bronirana Brigada, utilizzata come ariete corazzato per la conquista del passo, non poté realizzarsi, soprattutto a causa dell'orografia del territorio, montuoso con le strade che presentavano lateralmente dei ripidi terrapieni su entrambi i lati.

Grazie all'orografia favorevole e alla combattività dei reparti del Kampfgruppe, il colonnello Langer riuscì mantenere il passo Prepolac per tre settimane, bloccando l'avanzata bulgara verso il Kosovo e permettendo alle formazioni tedesche in ritirata dalla Grecia di completare il ripiegamento, anche con l'armamento pesante e il materiale al seguito.

La Bronirana Brigada riprese gli attacchi contro i tedeschi al passo Prepolac il 1° novembre, anche se solo a partire dal 3 sviluppò i maggiori sforzi. Il 4 novembre finalmente reparti della 4ª Divisione di fanteria bulgara riuscirono a sfondare le posizioni tedesche poste a difesa dell'adiacente passo Merdare. Il 5 novembre, dopo essere riuscita con grande difficoltà a far avanzare alcuni reparti corazzati sulle alture che circondano il passo Prepolac, la Bronirana Brigada superò le linee difensive tenute dai soldati tedeschi appartenenti al 734. Jäger-Regiment della 104. Jäger-Division, conquistando il passo Prepolac e dirigendosi verso Podujevo con una massa di 60 carri armati.

La città di Podujevo venne liberata dai tedeschi il 5 novembre dalla Bronirana Brigada, che nell'attacco perse però numerosi carri armati, soprattutto a causa dei cannoni da 8,8 cm FlaK manovrati dai soldati della Luftwaffe impegnati nella difesa della città. Almeno 6 carri armati furono messi fuori uso nei pressi della stazione ferroviaria. Il terreno sul quale si svolsero i combattimenti, prettamente montuoso e impervio, mise a dura prova i carri armati in dotazione alla Brigada. Furono molto apprezzate dai carristi, e dalla fanteria, le performance dei carri cecoslovacchi Škoda Š-35, T-11 e "Praga", che superarono brillantemente le asperità raggiungendo posizioni considerate irraggiungibili dai difensori tedeschi, consentendo alle truppe bulgare di superare le difese e vincere le battaglie.

Liberata Podujevo, la Bronirana Brigada continuò l'avanzata verso sud-ovest, percorrendo la strada che portava a Pristina, impegnata nell'inseguimento ai reparti tedeschi in ritirata. La retroguardia tedesca oppose però una resistenza accanita e non correttamente considerata dal Comando della brigata, che fu così costretta a ritirarsi ritornando a Podujevo, dove rimase a disposizione in attesa di ordini da parte della 2ª Armata.

Vennero formate due colonne, aventi i reparti corazzati come punta di lancia, destinati ad effettuare in contemporanea attacchi in direzione di Pristina e Mitrovica, ma, nonostante l'impegno profuso dai soldati, nelle due settimane successive non si riuscì a raggiungere nessun risultato. Nei duri combattimenti sviluppatisi durante gli attacchi contro le postazioni difensive tedesche, i reparti corazzati impegnati per la conquista di Pristina persero 12 carri armati negli scontri ravvicinati con i granatieri appartenenti al IR16 della 22. Infanterie-Division a nord-ovest della città.

Il 19 novembre, la Bronirana Brigada venne radunata al completo presso Bellopojë, a 16 km a nord di Pristina. Il 20 novembre le avanguardie della Brigada si scontrarono con la retroguardia tedesca che difendeva Donje Ljupče, disponendo di numerosi cannoni anticarro e al riparo di campi minati. Il comandante del 3° Battaglione, il tenente colonnello Momchilov, decise di aggirare la difesa attraversando le montagne di Kopaonik, anche se i pendii molto ripidi e la scarsa visibilità dovuta alle nebbie autunnali, non erano senza alcun dubbio condizioni favorevoli per l'utilizzo dei carri armati. Spronati dal loro comandante, i carristi misero in moto i mezzi e si inerpicarono lungo gli scoscesi pendii, e, nonostante lo sforzo patito dai motori, riuscirono a raggiungere la sommità dell'altura e a piombare alle spalle dei difensori, superando così la linea difensiva tedesca e rompendo il fronte, al prezzo di 4 carri armati distrutti o danneggiati. Anche in questo caso, il positivo risultato del combattimento, fu merito dei carri armati Škoda.

Superata la linea difensiva tedesca, la Bronirana Brigada il 21 partecipò all'attaccò che liberò la città di Pristina.

Dopo aver contribuito alla liberazione di Pristina, la Brigada raggiunse Vučitrn, 23 km a nord-ovest di Pristina, dove si riorganizzò in preparazione per l'attacco a Kosovska Mitrovica.

L'attacco che portò alla liberazione di Kosovska Mitrovica venne effettuato, con successo, il 22 novembre. Dopo aver partecipato alla liberazione di Kosovska Mitrovica, la Bronirana Brigada venne ritirata dal fronte e raggiunse Podujevo, dove rimase a disposizione della 2ª Armata bulgara, procedendo alla manutenzione e riparazione dei mezzi, usurati dopo mesi di trasferimenti e combattimenti, e a ripianare le perdite in uomini e materiali. Sebbene le fonti varino nel loro numero, è possibile che nella sola Mitrovica la Brigata abbia perso circa 20 carri armati, che erano effettivamente irreparabili, perché non erano rimasti pezzi di ricambio.

Con la liberazione di Mitrovica terminò il ciclo operativo dei reparti appartenenti alla 2ª Armata bulgara in Jugoslavia. Tra la fine di novembre e l'inizio di dicembre 1944, tutti i reparti bulgari furono radunati nella Serbia e si prepararono a rientrare in Bulgaria

Anche la Bronirana Brigada, dopo aver radunato tutti i suoi reparti, rientrò in patria alla fine di novembre, sfilando al completo a Sofia il 2 dicembre 1944 tra due ali di popolazione festante.

Ai combattimenti contro i tedeschi in Jugoslavia parteciparono anche i due SAO, shturmovo artileriĭsko otdelenie, il 1° in appoggio ai reparti appartenenti alla 2ª Armata bulgara, il 2° ai reparti della 1ª Armata bulgara.

Il 1° SAO venne utilizzato in appoggio alla fanteria nei combattimenti per la conquista di Bela Palanka, Niš, Poduevo, Mitrovica, Vuchi Trun, durante i quali alcuni mezzi furono colpiti per errore dagli aerei d'assalto sovietici. Il 2° SAO venne impegnato soprattutto nei combattimenti in direzione di Kumanovo e Kriva Palanka, mentre, in appoggio ad una compagnia di paracadutisti, prese parte alle battaglie per Strazhin. Il 28 ottobre fornì fuoco di appoggio al 6° Reggimento di fanteria impegnato contro l'11. Luftwaffen-Feld-Division. Superate le linee difensive tedesche, i due SAO continuarono a supportare la fanteria nell'inseguimento dei tedeschi in ritirata.

Durante la campagna jugoslava i due SAO persero nei combattimenti in totale 4 StuG III, 3 appartenenti al 2° SAO e 1 al 1° SAO. Tra la fine di novembre e l'inizio di dicembre i due SAO rientrarono in Bulgaria, alcuni StuG III parteciparono alla sfilata del 2 dicembre nella capitale Sofia.

In totale la Bronirana Brigada, dal 28 settembre al 23 ottobre 1944, ebbe 47 carri armati fuori uso, dei quali almeno 30 a causa di guasti avvenuti durante i trasferimenti, con la maggior parte di quelli distrutti o danneggiati in combattimento perduti dalla zona di Niš a Kursumlija. Un'altra decina di carri armati furono persi nell'attacco a Podujevo, altri 12 nella liberazione di Pristina. Secondo altre fonti furono 20 i carri armati ritenuti distrutti totalmente durante la prima fase della Guerra Patriottica.

Si concludeva così ai primi di dicembre 1944 l'attività operativa della Bronirana Brigada che, nonostante i problemi per la scarsa qualità dell'addestramento, evidenziati durante le manovre nel 1943 e nei primi mesi del 1944, e per il mediocre valore dei carri armati in dotazione, svolse una discreta quantità di azione in Jugoslavia tra l'ottobre e il novembre 1944, raggiungendo buoni risultati sul campo affrontando reparti tedeschi esperti e combattivi.

La Bronirana Brigada non affrontò mai, durante la campagna jugoslava, reparti corazzati tedeschi, il che probabilmente le consentì di evitare pesanti perdite nell'affrontare carri armati migliori ed equipaggi esperti, ma fu ugualmente temuta dalla fanteria tedesca per la sua combattività e capacità di utilizzare i suoi carri, superati tecnologicamente, nelle valli e montagne della Serbia e del Kosovo nell'autunno del 1944, in zone dove era difficoltoso muoversi e manovrare con simili mezzi.

▲ Il carro armato Škoda B60033 e i carri armati "Praga" B60062, B60066, B60065 e B60068 in attesa di partecipare alla parata del 2 dicembre 1944 a Sofia. Da notare la colorazione delle diverse Croci di Sant'Andrea dipinte sulle torrette dei veicoli.

▲ Un carro armato Škoda LT vz. 35, reduce dai combattimenti in Jugoslavia durante la prima fase della guerra patriottica, sfila a Sofia durante la parata del dicembre 1944. Da notare la scritta "Mitrovica" sul frontale del mezzo in ricordo dei combattimenti per la liberazione della cittadina.

▼ Škoda LT vz. 35, "Praga" e T-4 Maybach pronti a sfilare a Sofia il 2 dicembre 1944. In primo piano si può vedere il rettangolo dipinto in bianco, a destra sulla torretta dello Škoda, come segno di identificazione aerea, è una delle poche fotografie in cui tale segnale è identificato su un carro armato bulgaro.

▲ Carri armati Škoda T-11 e LT vz. 35 appartenenti alla 7ª Compagnia, al rientro a Sofia nel dicembre 1944.

▼ Motocarrozzette MW R75 e autoblindo M-222 del Battaglione Ricognizione durante le operazioni in Kosovo contro i tedeschi nell'ottobre 1944.

▲ Il carro armato "Praga" B60065, appartenente alla 9ª Compagnia, sfila a Sofia durante la parata del 2 dicembre 1944.

▲ Fotografia del retro del carro armato "Praga" B60062, appartenente alla 9ª Compagnia, durante la sfilata a Sofia il 2 dicembre 1944. Si notano bene le posizioni delle Croci di Sant'Andrea dipinte in nere intorno alla torretta, la targa e i fori sul tubo di scappamento provocati dai combattimenti in Jugoslavia.

▼ Il carro armato "Praga" B60062, appartenente alla 9ª Compagnia, sfila a Sofia il 2 dicembre 1944 al rientro dai combattimenti in Jugoslavia durante la prima fase della guerra patriottica.

▲ Carro armato Škoda, dotato di cannone A-3, appartenente alla 8ª Compagnia durante la parata del 2 dicembre 1944 a Sofia.

▼ La colonna di carri armati "Praga" della 9ª Compagnia si appresta ad entrare a Sofia per partecipare alla parata del 2 dicembre 1944, in testa il carro B60062.

▲ Altra fotografia del carro armato "Praga" B60062 scattata durante la sfilata a Sofia il 2 dicembre 1944.

▼ Carro armato T-IV Maybach (Pz.Kpfw. Ausf. G) appartenente al 1° Reggimento corazzato durante l'addestramento nell'inverno 1943/1944.

▲ Un carro T-4 Maybach della Bronirana Brigada in marcia durante la prima fase della guerra patriottica nell'autunno 1944.

▼ Carro armato T-IV Maybach durante la sfilata a Sofia del 2 dicembre 1944.

▲ Carri armati T-4 Maybach, appartenenti alla Bronirana Brigada, schierati all'interno della caserma a Podujevo, nella prima fase della guerra patriottica, nel novembre 1944.

▲ Uno dei pochi carri armati T-4 Maybach ricoperto di zimmerit in servizio nella Bronirana Brigada.

▼ Colonna di carri armati T-IV Maybach nella piazza intorno alla cattedrale "St. Aleksandr Nevskij" si apprestano a sfilare il 2 dicembre 1944 nella capitale Sofia, in primo piano il carro B60280. Da notare la posizione della Croce di Sant'Andrea sugli schurzen e sullo scafo, e i fanti trasportati sui carri come i sovietici.

▲ Cadetti dell'Accademia Militare posano su un T-4 Maybach a Sofia nell'autunno 1944.

▼ Colonna di StuG III in marcia verso il fronte nell'autunno del 1944 in Jugoslavia durante la prima fase della guerra patriottica, in testa il veicolo B60522, appartenente al 2° SAO.

▲ Lo StuG III Ausf. G B60506, appartenente alla 1ª Batteria del 1° SAO, in un momento di sosta durante la guerra in Jugoslavia nell'autunno 1944.

▲ Lo StuG III Ausf. G B60512, appartenente alla 1ª Batteria del 1° SAO, durante la sfilata a Sofia del 2 dicembre 1944.

▼ Lo StuG III Ausf. G B60539, appartenente al 2° SAO, in sosta dopo la battaglia di Kryva Palanka dell'ottobre 1944 in Jugoslavia.

▲ Uno StuG III percorre le strade di Sofia prima di partecipare alla parata del 2 dicembre 1944, da notare la bandiera bulgara stesa sulla casamatta.

▼ Retro di un cannone d'assalto StuG III impegnato in Jugoslavia durante la prima fase della guerra patriottica. Si può notare bene la posizione della Croce di Sant'Andrea dipinta in nero direttamente sulla scafo e il numero di immatricolazione dipinto in bianco a mano. Purtroppo non si riesce a leggere completamente la targa: B6053?, che comunque corrisponde ad un mezzo appartenente al 2° SAO.

▲ Retro di un cannone d'assalto StuG III impegnato in Jugoslavia durante la prima fase della guerra patriottica. Si può notare bene la posizione della Croce di Sant'Andrea dipinta in nero su un quadrato bianco.

▼ Un cannone d'assalto StuG III appoggia la fanteria durante i combattimenti per la liberazione della Macedonia, durante la prima fase della guerra patriottica, nei pressi di Strazhin nell'ottobre 1944.

▲ Il colonnello Martin Dikov, comandante del Reggimento corazzato della Bronirana Brigada dal settembre 1944.

▲ Uno StuG III durante le operazioni di rifornimento, proiettili e carburante, durante i combattimenti in Jugoslavia nell'autunno 1944. Si può notare la Croce di Sant'Andrea nera bordata di bianco dipinta sul retro dello scafo.

▼ Colonna di autoblindo M-223, in primo piano, e M-222 appartenenti al Battaglione Ricognizione della Bronirana Brigada in attesa di rientrare a Sofia nel dicembre 1944.

▲ L'autocomando Steyr 1500A, B10351, appartenente al QG della Bronirana Brigada, durante la sfilata del 2 dicembre a Sofia, l'ufficiale in primo piano è il maggior generale Stoyan Konstantinov Trendafilov, comandante della Brigata.

▼ Un carro armato T-4 Maybach (Pz.Kpfw. IV Ausf H) durante la parata del 2 dicembre 1944 a Sofia. Ai lati della Croce di Sant'Andrea è stata dipinta la scritta 'Kosovo polje' in ricordo dei combattimenti nella Jugoslavia nell'autunno 1944.

▲ Uno StuG III, con un gruppo di fanti a bordo, impegnato nei combattimenti in Jugoslavia nell'autunno 1944.

▼ Una mina magnetica tedesca, lanciata contro uno StuG III appartenente al 2° SAO durante i combattimenti in Jugoslavia nell'ottobre 1944, non è scoppiata, un geniere la sta rimuovendo.

▲ Truppe bulgare, appoggiate da uno StuG III, entrano in Kriva Palanka, in Macedonia, nell'ottobre 1944 dopo aver infranto la difesa dei reparti tedeschi.

LA SECONDA FASE DELLA GUERRA PATRIOTTICA

Terminata la campagna con la liberazione del Kosovo, i reparti della 1ª, 2ª e 4ª Armata bulgara rientrarono in Bulgaria, anche a seguito delle forti pressioni da parte jugoslava che non volevano che i bulgari, che per tre anni avevano occupato parti della Jugoslavia a seguito del conflitto del 1941, rimanessero sul loro territorio.
Anche la Bronirana Brigada venne ritirata dal fronte e rientrò in patria, per essere riorganizzata e riequipaggiata a seguito delle forti perdite subite in uomini e mezzi. Da sottolineare come, soprattutto per quanto riguarda i mezzi, la mancanza di pezzi di ricambio per i carri armati cecoslovacchi e tedeschi fosse impossibile da colmare, se non con il contributo dell'Unione Sovietica, dove erano presenti centinaia di carri armati, come quelli in servizio nella Brigada, catturati ai tedeschi ed in buono stato.
Nel dicembre 1944 il Governo Bulgaro prese la decisione di continuare a combattere contro il nazismo a fianco dell'Armata Rossa e, grazie all'appoggio ottenuto da Stalin, Tito non poté opporsi. Venne così costituita la 1ª Armata bulgara inserita all'interno del 3° Fronte ucraino al comando del generale Fëdor Ivanovič Tolbuchin. La 1ª Armata bulgara nel gennaio 1945 venne radunata nel sud-ovest dell'Ungheria, pronta per essere schierata lungo il fiume Drava.
Poichè la Bronirana Brigada era in fase di riorganizzazione, venne comunque costituito un Battaglione corazzato indipendente, con personale e mezzi provenienti dalla Brigata, da inserire tra i reparti in servizio nella 1ª Armata.
Il 1° Battaglione corazzato, al comando del maggiore Ivan Gyumbabov, era costituito da:
- Quartier Generale: 2 carri armati Maybach T-IV
- 1ª Compagnia: 10 carri armati Maybach T-IV

- 2ª Compagnia: 10 carri armati Maybach T-IV
- Compagnia ricognizione: 2 autoblindo M-222 e 1 M-223
- Servizi: motociclette, autovetture e autocarri

Al 1° Battaglione corazzato, nel gennaio 1945, venne ordinato di trasferirsi nell'area intorno alla città ungherese di Pécs, per integrare le posizioni difensive già presenti in zona. Il trasferimento verso Pécs fu molto difficoltoso, a causa dei numerosi guasti ai mezzi avvenuti durante il tragitto, che interessarono la maggior parte dei carri armati, che dovettero essere sottoposti a numerose riparazioni durate più giorni.

Secondo quanto previsto dalle direttive organizzative, emanate dal Comando sovietico, in merito alla formazione di un Battaglione corazzato, esso doveva essere costituito da una Compagnia di carri armati pesanti e da due di carri armati medi, oltre al avere una Compagnia di cannoni d'assalto. A fronte della richiesta di completamento dell'organico del Battaglione corazzato avanzata dal Comando sovietico, il Comando dell'esercito bulgaro rispose di essere nell'impossibilità di costituire la Compagnia di carri armati pesanti non avendo a disposizione tali mezzi, richiedendo quindi ai sovietici di consegnare i carri armati tedeschi idonei, da loro catturati, immagazzinati nei depositi dell'Armata Rossa.

Occorre fare una precisazione in merito alla consegna di materiali da parte dell'Armata Rossa all'esercito bulgaro e, in particolar modo, ai mezzi corazzati forniti alla Bronirana Brigada. Nei depositi sovietici erano presenti centinaia di carri armati e cannoni d'assalto tedeschi, ungheresi, rumeni, italiani, catturati intatti o danneggiati sui campi di battaglia, soprattutto a seguito delle vittoriose offensive a partire dal 1943. Tutti i mezzi catturati in grado di combattere erano revisionati, verniciati nel classico verde sovietico e re-immessi in servizio, anche in reparti organici dell'Armata Rossa.

Il principale carro armato sovietico, il T-34, venne consegnato ai reparti bulgari solo nell'ultimo mese di guerra: due T-34/85 per l'addestramento. I mezzi consegnati dall'Armata Rossa alla Bronirana Brigada e al Battaglione corazzato in servizio nella 1ª Armata bulgara, furono carri armati e cannoni d'assalti, o semoventi, catturati al nemico e presenti nei depositi del 3° Fronte ucraino che venne incaricato della consegna.

A partire dal 1° gennaio 1945 lo Stato Maggiore dell'Esercito decretò l'indipendenza delle truppe corazzate, separandole dalle truppe meccanizzate. Era la nascita ufficiale dei carristi bulgari!

Nel gennaio 1945, mentre la Bronirana Brigada stava riorganizzando i suoi reparti, con i quali era stato anche costituito il Battaglione corazzato indipendente, venne costituita la 2ª Brigata corazzata con sede a Plovdiv, anche se al momento senza mezzi. Anche la situazione carri armati della Brigada era estremamente critica, visto che la maggior parte dei mezzi in carico erano obsoleti e non più adatti al combattimento, ma utilizzabili solo per l'addestramento.

Il mese di marzo 1945 fu particolarmente intenso per i reparti corazzati bulgari.

In Bulgaria la Bronirana Brigada procedette alla revisione dei carri armati in servizio, dichiarando che i seguenti mezzi: 32 Maybach T-IV, 13 Škoda Š-35 e 3 "Praga", non essendo più riparabili, venivano dismessi e alienati. I 13 Škoda, dopo aver recuperato l'armamento, furono mandati in fonderia per recuperare metallo prezioso.

A metà marzo il 1° SAO e il 2° SAO, con gli uomini e i pochi StuG III rimasti pronti al combattimento, vennero inseriti nella 2ª Brigata corazzata in formazione di Plovdiv.

Il 6 marzo, la 6ª Armata corazzata SS, la 2ª Armata corazzata e l'Heeresgruppe E, iniziarono le offensive previste dalla Operazione "Frühlingserwachen", l'ultimo grande attacco tedesco sul fronte orientale nel tentativo di riconquistare l'area petrolifera ungherese a sud-est del lago Balaton. Contro le truppe bulgare schierate a difesa della sponda nord del fiume Drava, mossero all'attacco i reparti appartenenti alla 2ª Armata corazzata e all' Heeresgruppe E.

Presso Donji Miholjac la 3ª Divisione di fanteria bulgara fu costretta a ritirarsi a seguito dello sfondamento delle sue linee difensive superate dai carri armati tedeschi. Il 7 marzo venne effettuato un contrattacco dai reparti bulgari, rinforzati dal Battaglione corazzato, che contava su 25 Maybach T-IV, e da reparti appartenenti alla riserva della 1ª Armata.

Il Battaglione corazzato si scontrò contro reparti tedeschi appartenenti alla 104. Jäger-Division e alla 297. Infanterie-Division. L'avanzata dei carri armati bulgari registrò alcuni progressi iniziali, ma nei combattimenti ravvicinati con la fanteria tedesca 5 carri vennero distrutti e il contrattacco fu prima bloccato e poi respinto. Prese parte poi alle battaglie difensive presso Dravasobolch e Dravapolkonya, svolgendo il suo ruolo di appoggio alla fanteria bulgara fino al 16 marzo, quando iniziò la controffensiva dell'Armata Rossa che respinse i tedeschi verso l'Austria.

Il Battaglione corazzato, a seguito delle pesanti perdite subite, fra carri armati distrutti o danneggiati, venne quindi inviato nelle retrovie per la necessaria riorganizzazione.

Il Comando del 3° Fronte ucraino decise, a metà marzo 1945, di fornire alcuni mezzi corazzati per ripristinare le perdite subite dal Battaglione corazzato indipendente. Vennero consegnati: 1 Pz.Kpfw. IV, 2 StuG III Ausf. G, 1 Stug Ausf. F, 1 obice d'assalto StuH 42, 1 Jagdpanzer IV/70(V), 1 Jagdpanzer IV, 4 Jagdpanzer 38(t) Hetzer[22], 2 semovente L40 italiani[23], 1 carro armato Turan I ungherese[24]. Con i cannoni d'assalto e i semoventi ricevuti, venne formata una batteria che fu inserita nell'organico di una delle due compagnie del Battaglione corazzato. All'inizio del mese di aprile, con l'arrivo dalla Bulgaria di nuovi equipaggi, la batteria venne estrapolata dal Battaglione corazzato e costituì una unità d'assalto di artiglieria indipendente.

Il 17 marzo 1945 finalmente il Comando sovietico si decise a consegnare i mezzi per costituire la Compagnia corazzata pesante, terza compagnia del Battaglione corazzato indipendente. Venne consegnato ai carristi bulgari un carro armato Pz.Kpfw.V "Panther"[25], con il quale iniziare l'addestramento. A fine marzo i carristi, destinati a formare gli equipaggi dei Panther T-V della Compagnia corazzata pesante di stanza in Ungheria, vennero selezionati tra coloro che appartenevano alla 1ª Brigata corazzata in formazione a Sofia, da dove partirono per raggiungere il Battaglione in Ungheria.

Arrivati al fronte l'11 aprile, i carristi presero in consegna il giorno 13, presso l'area di Pana Deveger -Szombathely, dai militari sovietici, 14 carri armati Panther T-V. La nuova Compagnia corazzata pesante venne assegnata al comando del tenente Georgi Botev Ivanov[26]. L'addestramento dei carristi e della Compagnia iniziò immediatamente con l'ausilio degli istruttori sovietici. La formazione sul nuovo carro armato procedette intensamente, anche se i carristi bulgari riscontrarono problemi con le apparecchiature radio sovietiche, che avevano sostituito le originali tedesche.

I Comandi bulgari inoltrarono diverse richieste al Comando del 3° Fronte ucraino per ottenere le apparecchiature radio tedesche originali tolte dai sovietici ai Panther V, per sostituire quelle ora in servizio. Non si hanno però certezze che le apparecchiature radio originali siano state consegnate dai sovietici ai carristi bulgari.

La complessità dell'addestramento, e il poco tempo a disposizione, fecero sì che la fine della guerra arrivò prima che gli equipaggi bulgari terminassero la formazione, perciò la Compagnia corazzata pesante non riuscì ad entrare in servizio e a partecipare ai combattimenti conclusivi della Seconda Guerra Mondiale.

---

22 I cacciacarri Jagdpanzer 38(t) Hetzer in Bulgaria vennero denominati cannoni d'assalto "Praga".
23 I semoventi italiani L40 dotati di cannone da 47/32 in Bulgaria vennero denominati cannone semovente SPA.
24 Il carro armato ungherese Turan I in Bulgaria venne denominato carro armato Wenger.
25 Il carro armato Pz.Kpfw.V "Panther" in Bulgaria venne denominato " boyna kola Pantera T-V" abbreviato comunemente in "Panther" T-V.
26 Secondo altre fonti il comandante sarebbe stato il tenente Georgi Botev Shinkov.

A fine maggio 1945 la Compagnia corazzata pesante, con tutti i 15 carri armati Panther T-V, venne caricata su un convoglio ferroviario per essere trasferita a Sofia, dove entrò a fare parte della 2ª Brigata corazzata di stanza a Plovdiv.

Nel mese di aprile continuò in Bulgaria la revisione dei carri armati in servizio, vennero dismessi altri mezzi: 21 carri armati R35, 3 carri armati "Vickers" e 9 carri veloci CV33, mentre 7 "Praga" furono modificati in ambulanze blindate e veicoli di rifornimento. Gli ultimi 5 CV33 e 19 R35 furono trasferiti alle Compagnie addestramento.

Il 1° Battaglione corazzato indipendente, dopo aver riorganizzato i reparti e ripristinato l'efficienza dei mezzi, partecipò nella prima decade di aprile allo sfondamento della linea difensiva tedesca Margit, perdendo nei duri combattimenti 11 carri armati tra distrutti e danneggiati. Il 15 aprile partecipò, insieme al 47° Reggimento di fanteria e ad un plotone di paracadutisti, ai combattimenti per la conquista del villaggio di Yastrebtsi. Il villaggio venne conquistato, ma altri 5 carri armati rimasero danneggiati.

Nella notte i tedeschi lanciarono tre contrattacchi per riprendere il villaggio, ma vennero sempre respinti. I reparti corazzati del Battaglione, verso mezzogiorno del 16 aprile, sostarono lungo la strada per Zashevac per riposare, ma vennero improvvisamente colpiti da numerosi colpi di mortaio che causarono numerosi morti e feriti. Tra i morti anche il comandante del Battaglione, il maggiore Ivan Gumbabov, e il comandante della compagnia di paracadutisti, il maggiore Lyubomir Noev.

Il capitano Vasil Taralezhkov, già comandante del 1° SAO, assunse il comando del Battaglione.

Il 1° Battaglione corazzato indipendente, terminato quest'ultimo ciclo operativo, venne ritirato dal fronte ed inserito tra i reparti appartenenti alla riserva del III Corpo d'Armata bulgaro, dove utilizzò tutti i mezzi a disposizione per riparare i carri armati danneggiati. Rimase a disposizione del Comando della 1ª Armata bulgara fino alla fine del conflitto, senza però partecipare ad ulteriori combattimenti.

Alla data del 1° maggio risultavano in servizio 11 carri armati e 6 cannoni d'assalto.

Dalla seconda metà dell'aprile 1945 anche numerosi reparti appartenenti alla Bronirana Brigada furono schierati a nord di Varaždin, a disposizione del III Corpo d'Armata, appartenente alla 1ª Armata bulgara, che combatteva per la liberazione dell'Ungheria da parte dei nazisti. Durante l'offensiva finale contro le truppe tedesche, si scontrò contro reparti della 13. Waffen-Gebirgs-Division der SS "Handschar" a nord di Varaždin.

Il 13 maggio 1945 la Bronirana Brigada terminò le operazioni belliche nella città di Nagykanizsa, dove incontrò le truppe britanniche che, salendo dal confine con l'Italia, erano entrate in Austria da sud.

Nella seconda quindicina del mese di maggio, i reparti appartenenti alla 1ª Armata bulgara si concentrò vicino alla città di Katoshwar, da dove iniziarono il rientro in Bulgaria.

Alcuni carri armati bulgari danneggiati, furono inviati per le riparazioni presso le officine specializzate austriache presenti a Vienna, vennero restituiti alla Bulgaria nell'agosto 1945.

▲ Carro armato T-IV Maybach, appartenente al Battaglione corazzato, durante l'avanzata in Ungheria nella seconda fase della guerra patriottica, sullo schurzen si può notare lo stemma con la bandiera bulgara dipinta in diagonale.

▼ Carro armato T-IV Maybach (Pz.Kpfw. Ausf. H o J) appartenente al Battaglione corazzato durante la seconda fase della guerra patriottica, nel maggio 1945 a Pecs, in Ungheria. Notare le grandi stelle rosse bordate di bianco dipinte sullo scafo anteriore e sugli schurzen ai lati della torretta come segno di riconoscimento.

▲ Altra fotografia scattata dall'alto dei "Panther" in caserma a Sofia nel maggio 1945, si può vedere bene sul primo carro armato, ricoperto di zimmerit, la stella rossa bordata di bianco e lo stemma della Compagnia, un cane bianco.

▼ Un cacciacarri Jagdpanzer 38(t) " Hetzer", in servizio nel Battaglione corazzato bulgaro durante la seconda fase della guerra patriottica, nel maggio 1945 a Pecs, in Ungheria. Notare le grandi stelle rosse bordate di bianco dipinte sui lati della casamatta come segno di riconoscimento.

▲ Un cacciacarri Jagdpanzer IV e un carro armato Turan II in servizio nel Battaglione corazzato bulgaro nella primavera del 1945. Si trattava di mezzi catturati dai sovietici e ceduti alla Bulgaria in sostituzione dei veicoli persi in combattimento.

▼ Una chenillette Renault UE, in servizio nell'esercito bulgaro, al traino di un obice da 10,5 cm nel maggio 1945 in Ungheria.

▲ Due carri armati T-IV Maybach in servizio nell'esercito bulgaro nel primo dopoguerra.

▼ Carro armato T-4 Maybach, appartenente al centro di addestramento, presso la stazione di Poduyane, a Sofia, nel novembre 1945.

▲ Gli equipaggi dei primi carri armati T-4 Maybach (Pz.Kpfw. IV Ausf G) consegnati dai tedeschi nel maggio 1943 alle Compagnie del 1° e 2° Battaglione.

▼ Carro armato T-4 Maybach, appartenente al Battaglione corazzato bulgaro, mentre attraversa un villaggio ungherese durante la seconda fase della guerra patriottica, da notare lo stemma con la bandiera bulgara dipinta in diagonale sugli schurzen e il teschio in colore bianco a fianco del visore del pilota.

IL DOPOGUERRA E LO SCIOGLIMENTO DELLA BRONIRANA BRIGADA

Con la fine della guerra, nel mese di maggio, sia la Bronirana Brigada che il 1° Battaglione corazzato indipendente furono ritirati dal fronte e rientrarono in Bulgaria, dove sarebbero stati ristrutturati e riorganizzati sotto la supervisione dei sovietici.

Prima che terminasse il conflitto, i sovietici avevano già proceduto ad addestrare un Reggimento corazzato indipendente in Bulgaria, dotandolo di 65 carri armati T-34/85[27]. Questa fornitura di carri armati, fu però l'unica arrivata dal maggio 1945 fino alla stipula del trattato di pace di Parigi del 10 febbraio 1947, nel quale veniva sancito l'ingresso nella sfera di influenza sovietica della Bulgaria.

Il 1° maggio 1945 nella capitale Sofia si tenne una parata militare alla quale parteciparono anche alcuni reparti corazzati dotati di carri armati Škoda.

Alla fine del 1945, a seguito del processo di riorganizzazione dei reparti corazzati bulgari, i mezzi a disposizione erano i seguenti:
- 15 "Panther" T-V
- 102 Maybach T-IV
- 3 Pz.Kpfw. III
- 56 StuG III
- 11 tra StuG IV, Jagdpanzer IV/70(V) e Jagdpanzer IV
- 5 Jagdpanzer 38(t) Hetzer
- 3 Hummel
- 2 Nimrod 40M
- 7 "Praga"
- 23 tra Škoda LT-35 e T-11
- 1 Turan
- 19 Renault R35
- 1 SPA
- 8 M-222 e 8 M-223

Da questo elenco, come si può notare, non risultano presenti carri armati T-34/85, non solo i 65 carri che dovrebbero essere in servizio al Reggimento corazzato indipendente, ma neanche i due mezzi forniti nei primi mesi del 1945 per iniziare l'addestramento.

Nel 1946, la Bronirana Brigada, identificata anche come 1ª Brigata corazzata, aveva terminato la riorganizzazione e risultava equipaggiata con i seguenti carri armati:
- 49 tra CV33, Škoda LT-35, "Praga"[28] e R35
- 57 Maybach T-IV Ausf. G, H e J[29]
- 15 Jagdpanzer IV[30]
- 5 StuG III

Risulta evidente come, dato i mezzi a disposizione, molti dei quali obsoleti e usurati, la funzione della Brigada fosse più di natura addestrativa, in attesa di ricevere i carri armati sovietici e dare vita a nuovi reparti corazzati.

---

[27] Secondo altre fonti, i sovietici non consegnarono alcun carro armato T-34/85 fino al 1947 e il Reggimento rimase in posizione quadro fino a quella data.
[28] I carri armati "Praga" rimasero in servizio fino ai primi anni '50.
[29] Nel 1955 erano ancora in servizio 11 Maybach T-IV nella 1ª Brigata corazzata.
[30] Molto probabilmente sotto questa unica voce sono compresi anche i StuG IV e i Jagdpanzer IV/70(V), tutti questi mezzi rimasero in servizio fino alla metà degli anni '50.

La 2ª Brigata corazzata era invece armata con 46 Maybach T-IV e 56 StuG III.

Alla data del 1° marzo 1946 risultavano in servizio 15 Panther T-V, di cui 14 operativi e 1 in riparazione. Nella primavera del 1946 i sovietici consegnarono ai bulgari ulteriori 6 Panther, ultima consegna di tale mezzo da parte sovietica. Tutti i carri armati Panther T-V furono utilizzati presso la Scuola di addestramento e nella 1ª Brigata corazzata nel periodo 1945-46.

Nel 1947, con la costituzione della nuova Divisione corazzata, la Bronirana Brigada venne sciolta ufficialmente e i suoi reparti furono trasferiti alla nuova unità. La Divisione corazzata venne formata secondo l'ordinamento sovietico, ma già nel 1949 fu riorganizzata su quattro Brigate indipendenti, ognuna delle quali venne assegnata in carico alle Armate del nuovo Esercito popolare bulgaro.

I sovietici fornirono grandi quantità di carri armati e cannoni d'assalto per completare l'organico delle nuove Brigate corazzate, mezzi che andarono a sostituire i veicoli tedeschi ancora in servizio. Entro il 1950 furono consegnati alla Bulgaria 466[31] carri armati T-34/85 e 156 semoventi SU-76M.

Con l'arrivo dei mezzi sovietici, i carri armati e i cannoni d'assalto tedeschi, sopravvissuti al conflitto, gradatamente vennero dismessi e posti in riserva, tra il 1948 e i primi anni '50. Poiché la situazione internazionale era ancora molto delicata, e la Bulgaria, nell'orbita sovietica, confinava con la Grecia e la Turchia, nazioni appartenenti alla NATO, sorse la necessità di potenziare le difese ai confini con queste due nazioni.

Avendo nei depositi decine di carri armati Panther T-V[32] e Maybach T-IV, oltre a numerosi cannoni d'assalto StuG III, i cui cannoni erano ancora più che adeguati a combattere i mezzi avversari, venne elaborato un sistema di difesa imperniato su postazioni fisse costituite da tali mezzi, che in alcuni casi vennero interrati direttamente nel terreno, in altri casi fu utilizzata solo la torretta installata su una vasca di cemento, oppure con parte del mezzo in una vasca di cemento.

Nel 1952 iniziò quindi la costruzione della linea difensiva, denominata "Krali Marko"[33], ai confini con la Grecia e la Turchia. Vennero utilizzati 70 tra carri armati e cannoni d'assalto tedeschi, residuati della Seconda Guerra Mondiale: Maybach T-IV, Jagdpanzer IV, StuG III e almeno un Panther T-V. Tra i mezzi che facevano parte della "Krali Marko", era presente un ibrido interessante: lo scafo di un Maybach T-IV con la torretta modificata eliminando il cannone originale 7,5 cm KwK 40 sostituito dal cannone ZiS-3 da 76,2 estrapolato da un semovente SU-76M[34].

Alla fine degli anni '90 la linea "Krali Marko" venne abbandonata, e i mezzi furono lasciati ad arrugginire e marcire, utilizzati saltuariamente da cacciatori ed escursionisti come riparo in caso di maltempo. La crisi economica, con la conseguente penuria di metalli pregiati, portò all'aumento dei furti di parti metalliche dai mezzi interrati, di proprietà dell'esercito bulgaro. A seguito del trafugamento di un intero Jagdpanzer IV, l'esercito decise di effettuare una ricognizione approfondita sulla linea riscontrando che quasi tutte le postazioni avevano subito furti e asportazione di materiale.

Nel 2008 venne quindi presa la decisione di recuperare tutti i carri armati e i cannoni d'assalto interrati, con l'intenzione di rivenderli dopo un sommario restauro, ma la forte opposizione delle Associazioni dei reduci bloccò l'iniziativa. Vennero quindi recuperati e restaurati: 4 Maybach T-IV Ausf. G / H / J, 3 StuG III e un Jagdpanzer L/48, che ora sono esposti presso il "Museo della gloria della battaglia" nella città di Yambol, mentre i restanti mezzi furono accantonati in un deposito, in attesa del loro destino. Con il recupero e il restauro dei carri armati e dei cannoni d'assalto tedeschi, si concludeva definitivamente la storia di tali mezzi nell'Esercito Bulgaro.

---

31 Secondo altre fonti il numero di T-34/85 consegnati alla Bulgaria è di 398.
32 I carri armati Panther T-V vennero posti in riserva a partire dal 1948, con la prospettiva di essere demoliti agli inizi degli anni '50.
33 Il nome "Krali Marko" deriva dal principe Marko Mrnjavcevic, eroe militare pan-slavo del 1300.
34 Venne costruito un solo esemplare di tale carro armato dotato di tale modifica, anche se una fonte cita due esemplari costruiti.

▲ Un carro armato T-IV Maybach, appartenente al centro di addestramento, mentre viene caricato su un pianale ferroviario presso la stazione di Poduyane, a Sofia, nel novembre 1945.

▼ Un carro armato Pz.Kpfw. V Ausf. G "Panther", appartenente al centro di addestramento, presso la stazione di Poduyane, a Sofia, nel novembre 1945.

▲ Un carro armato Pz.Kpfw. V Ausf. G "Panther", seguito da un T-4 Maybach, emtrambi appartenenti al centro di addestramento, presso la stazione di Poduyane, a Sofia, nel novembre 1945.

▼ Uno dei due unici T-34/85 forniti dai sovietici alla Bulgaria prima della fine del conflitto nella primavera del 1945.

▲ Una panoramica dei mezzi in servizio presso il centro di addestramento, ripresi alla stazione di Poduyane nel novembre 1945, da sinistra: R35, Škoda, Praga, T-4 Maybach, T-5 Panther.

▼ Uno StuG III interrato nel terreno appartenente alla linea difensiva Krali Marko al confine con la Turchia negli anni '50.

▲ Un carro armato T-4 Maybach, interrato in una vasca di cemento, appartenente alla linea difensiva Krali Marko al confine con la Turchia negli anni '50.

▼ Il recupero di un Jagdpanzer IV, appartenente alla linea "Krali Marko", effettuato dai militari dell'Esercito bulgaro dopo il 2008 per essere restaurato.

MIMETIZZAZIONE, INSEGNE, NUMERO DI IMMATRICOLAZIONE

I carri veloci CV33 "Ansaldo" vennero consegnati con la colorazione in verde medio italiano uniforme, su alcuni carri furono dipinte macchie in verde scuro sul verde medio. Alla fine degli anni '30 tutti i carri veloci vennero riverniciati con una mimetica a 3 colori: verde scuro, giallo scuro e marrone, a grandi macchie con bordi netti. Nella primavera del 1941 vennero riverniciati in verde scuro uniforme.

I carri armati Vickers Mk. E arrivarono dall'Inghilterra dipinti con la mimetica a 5 colori originale di fabbrica, diversa da quella standard adottato in Bulgaria. Poiché la colorazione era di alta qualità e molto resistente, rimase così fino al 1941, quando i veicoli iniziarono ad essere ridipinti in verde scuro uniforme.

I carri armati Škoda LT vz.35 e i T-11 arrivarono in Bulgaria dipinti in panzergrau uniforme, rimanendo dipinti con tale colore fino alla primavera del 1944, quando l'esercito bulgaro, con l'ordine di servizio n. III-C-132 del 21 gennaio 1944, diede l'ordine di ridipingere i carri armati in giallo scuro, ma solo in occasione di manutenzioni straordinarie o a causa della necessità di riverniciare il mezzo perché la vernice originale era fortemente deteriorata. Era consentito anche la verniciatura con grosse macchie di colore giallo scuro sull'originale panzergrau, ma pare che tale opportunità non sia mai stata utilizzata. Alcuni Škoda LT vz.35 furono riverniciati in verde oliva alla fine delle ostilità, partecipando alla sfilata del 1° maggio del 1945, ma la maggior parte dei carri superstiti rimase dipinta nel colore originale panzergrau.

I carri armati Renault R35 furono consegnati dipinti in panzergrau uniforme, nella primavera del 1941 vennero ridipinti in verde scuro.

Quando vennero consegnati alla Bulgaria i Pz.Kpfw 38(t) "Praga", questi erano già stati dipinti, come previsto dalle nuove direttive della Wehrmacht, nel colore uniforme giallo scuro dato sull'originale panzergrau. A causa dell'usura, su molti carri appariva quindi una strana mimetizzazione dovuta all'apparire del colore panzergrau sotto il giallo scuro. I "Praga" rimasero con tale colorazione fino al rientro in Bulgaria nel dicembre 1944. I pochi carri ancora in servizio nella primavera del 1945, vennero riverniciati in verde oliva e con tale colorazione hanno partecipato alla sfilata del 1° maggio.

I carri armati Pz.Kpfw. IV vennero consegnati dai tedeschi dipinti in giallo scuro uniforme, con tale colore rimasero in servizio fino alla primavera del 1945 quando, i mezzi destinati ad operare nel 1° Battaglione corazzato indipendente, vennero riverniciati in verde oliva.

I cannoni d'assalto StuG III vennero consegnati dai tedeschi dipinti in giallo scuro uniforme con la canna del cannone in nero, rimanendo con tale colorazione fino al rientro in Bulgaria al termine del ciclo operativo svolto nei Balcani. I veicoli impiegati nei combattimenti nel corso del 1945 vennero riverniciati in verde oliva.

Le autoblindo M-222 e M-223 furono consegnate dalla Germania verniciati nel classico panzergrau, colore con il quale terminarono la guerra. I mezzi che parteciparono alla sfilata del 1° maggio 1945 vennero ridipinti in verde erba russo.

I carri armati Pz.Kpfw.V "Panther" vennero consegnati dai sovietici con una colorazione uniforme nel classico verde erba russo.

Tutti i vari mezzi consegnati dall'Unione Sovietica nel corso del 1945 negli ultimi mesi di guerra, Pz.Kpfw III, StuH 42, Pz.Kpfw IV, StuG IV, Hummel, StuG III, Jagdpanzer IV, semoventi SPA, Nimrod 40M, Turan e Jagdpanzer 38(t) Hetzer, erano dipinti con lo stesso colore dei mezzi sovietici in servizio, in verde erba russo.

Non si hanno notizie certe sulla colorazione dei carri armati SOMUA S35 e Hotchkiss H39 anche se, trattandosi di prede belliche francesi consegnate dai tedeschi, è molto probabile che siano stati consegnati colorati in panzergrau.

Nel periodo invernale su tutti i carri armati veniva applicata una vernice bianca lavabile.

Su tutti i carri armati bulgari non vennero mai dipinte insegne identificative, di nazionalità o di reparto fino alla dichiarazione di guerra alla Germania nel settembre 1943. A seguito dell'entrata in guerra a fianco dei sovietici contro i tedeschi, sui carri armati e sui cannoni d'assalto venne dipinta come insegna da combattimento la *"Croce di Sant'Andrea"* in vernice nera, in alcuni casi anche bordata di bianco, sui lati e sul retro della torretta, sui parafanghi anteriori e posteriori, sul retro degli scafi a fianco della targa, sugli schürzen negli StuG III, sugli schürzen intorno alla torretta nei Pz.Kpfw. IV, sul frontale della casamatta sui "Praga". Sui carri armati Škoda LT vz.35 la *"Croce di Sant'Andrea"* era dipinta in colore bianco, ai lati della torretta e sul cofano motore.

Sugli StuG III, e in alcuni casi anche sui Pz.Kpfw. IV, la *"Croce di Sant'Andrea"* era dipinta in nero all'interno di un quadrato bianco.

L'unico caso in cui erano presenti insegne di reparto era sulle autoblindo M-222 e M-223, dove erano dipinti sia sul frontale che sul retro, con vernice bianca, lo stemma della Compagnia di ricognizione, un fiore che sboccia che ricorda lo stemma di un cavaliere del Medioevo, e lo stemma della Bronirana Brigada, costituito da 4 cerchi che si intersecano. Tale stemma stava a simboleggiare la cooperazione, in battaglia, dei quattro principali reparti in servizio nella Brigata: il Reggimento corazzato, il Reggimento di fanteria motorizzata, il Reggimento di artiglieria e le unità di supporto: genio, ricognizione, trasporto, manutenzione, ecc.

Al termine della prima fase della guerra patriottica, al rientro dei reparti in Bulgaria e durante la sfilata a Sofia svoltasi il 2 dicembre 1944, su quasi tutti i carri armati, cannoni d'assalto e autoblindo, vennero dipinti dagli equipaggi nomi di località dove si erano combattute battaglie contro i tedeschi, oppure il numero della Compagnia di appartenenza o del carro armato. Le scritte erano dipinte in nero o in bianco, mentre i numeri potevano essere in bianco o nero, oppure in nero bordate in bianco.

La 9ª Compagnia carri, dotata di Škoda "Praga", aveva dipinto sui carri il suo emblema: un teschio con le tibie incrociate dipinto in nero ai lati della torretta.

Quando nei primi mesi del 1945 un nuovo reparto corazzato bulgaro venne inviato a combattere sul fronte occidentale, sui carri armati e sui cannoni d'assalto scomparvero tutte le *"Croci di Sant'Andrea"*, i nomi delle località e i vari numeri, ma vennero invece dipinti ai lati della torretta e sul retro del veicolo degli scudi affilati con un tricolore bulgaro in diagonale. Inoltre vennero dipinte sul frontale del veicolo, sui fianchi della torretta e della casamatta, delle grandi stelle rosse bordate con una sottile riga bianca.

A partire dal 17 settembre 1944, su tutti gli automezzi, veicoli blindati e corazzati in servizio nella 2ª Armata Bulgara impegnata nei combattimenti in Jugoslavia, venne dipinto un rettangolo di colore bianco come segnale di riconoscimento aereo. Sugli autocarri, semicingolati e automobili era dipinto sul cofano anteriore, sui carri armati sulla torretta, anteriore destra per i "Praga" o a sinistra in basso per gli Škoda, oppure sul cofano motore.

Tutti i carri armati ebbero un numero di immatricolazione, formato dalla lettera В (Военен – Automezzo dell'Esercito) seguita da un codice di 5 cifre, dove le prime 2 indicano la tipologia del veicolo e le restanti 3 il numero assegnato al mezzo con un ordine crescente. Il numero di immatricolazione, con la lettera e le cifre in vernice nera e con le dimensioni di 140 x 70 mm, era scritto su una targa rettangolare di color bianco, con angoli superiori smussati, dalle dimensioni di 480 x 170 mm. Sugli StuG III era dipinta sulla sovrastruttura anteriore, a destra del mantello del cannone, e, in rari casi, sul retro del cannone d'assalto al centro sopra gli scarichi, sui Pz.Kpfw. IV sul retro del carro, sulle M-222 e M-223 sul frontale e sul parafango posteriore sinistro, sugli Škoda sul retro al centro della piastra, sui Vickers era posizionata una targa sul parafango posteriore sinistro, sui carri veloci Ansaldo nella parte posteriore sinistra. Il numero di immatricolazione dipinto sul frontale della casamatta degli StuG III, in alcuni casi, era in colore rosso.

I numeri di immatricolazione assegnati ai diversi carri armati in servizio nelle forze corazzate bulgare sono i seguenti:
- CV33/Ansaldo: da B60001 a B60014
- Vickers da B60015 a B60022
- Škoda LT vz. 35: da B60023 a B60048
- Škoda T-11: da B60049 a B60058
- Pz.Kpfw 38 (T): da B60059 a B60068
- Renault R35: da B60201 a B60240
- Pz.Kpfw. IV: da B 60250 a B 60337
- StuG III: da B60501 a B 60555
- Pz.Kpfw.V: da B60415 a B60428 e da B60431 a B60436[35]
- M-222 M-223: da B 70001 a B 70020

Sui lati della casamatta per i carri veloci Ansaldo, sui lati della torretta, e in alcuni casi anche sul retro, per tutti gli altri carri armati, vennero dipinti a grandi numeri in vernice bianca le ultime cifre del numero di immatricolazione. Ad esempio, se il numero di immatricolazione di un carro Škoda LT vz. 35 era B 60033, sui lati della torretta del carro veniva dipinto il numero 33.

Tutti i carri armati che parteciparono alla seconda fase della guerra contro la Germania, nei primi mesi del 1945, non ebbero più il numero dipinto in torretta, mentre il numero di immatricolazione sul retro del veicolo era presente e, negli StuG III e nei Pz.Kpfw. IV, era dipinto in colore rosso su sfondo bianco.

▲ Il teschio con le tibie incrociate, distintivo della 9ª Compagnia carri dotata di carri armati "Praga".

---

35 Si tratta degli ultimi 6 carri armati Panther T-V consegnati dall'Armata Rossa alla Bulgaria nel 1946.

▲ Il T-4 Maybach (Pz.Kpfw. IV Ausf. H) perfettamente restaurato esposto al Museo Nazionale di Storia Militare a Sofia. Rappresenta un mezzo utilizzato durante la seconda fase della guerra patriottica nei primi mesi del 1945, verniciato in verde scuro e con la bandiera bulgara dipinta in diagonale nello stemma sugli schurzen.

▼ Il carro Škoda B60035, con le Croci di Sant'Andrea dipinte in bianco, sfila a Sofia il 2 dicembre 1944.

▲ Fotografia di un autocarro mentre attraversa un ponte di fortuna in Jugoslavia, si può notare bene il rettangolo bianco dipinto sul cofano come segno di riconoscimento aereo, obbligatorio su tutti i mezzi durante la prima fase della guerra patriottica.

▼ Un autocarro leggero Steyr 1500A in servizio nella Bronirana Brigada durante la prima fase della guerra patriottica, si notano il simbolo della Brigada, i quattro cerchi, e il rettangolo bianco sul cofano come segno di riconoscimento aereo.

BIBLIOGRAFIA

- Ledwoch J., Tank Power N. 116 LT vz. 34-40 TNH, Varsavia, Wydawnictwo Militaria, 2000
- Ledwoch J., Tank Power Vol. XX1 N. 241 - pzKpfw 38(t), Varsavia, Wydawnictwo Militaria, 2006
- Ledwoch J., Tank Power Vol. CLXIV N. 423 - pzKpfw 35(t) LT vz. 35, Varsavia, Wydawnictwo Militaria, 2016
- Ledwoch J., Tank Power Vol. N. 325 - Vickers 6-ton Mark E-F vol.II, Varsavia, Wydawnictwo Militaria, 2009
- Matev K., Bulgarian Armored Vehicles 1935-1945, Sofia, Angela Publishers, 2000
- http://rotanazdar.cz/?p=2192&lang=cs
- http://ftr.wot-news.com/2013/07/15/bulgarian-armor-part-i/ii/iii/
- https://tanks-encyclopedia.com/ww2/bulgaria/bulgarian-tanks-in-world-war-2
- https://militero.wordpress.com/2010/03/18/bulgarian-tanks-1934-1941/
- https://www.zimmerit.com/zimmeritpedia/BULGARIA_sez_1.html
- www.flamesofwar.com/hobby.aspx?art_id=1021
- https://www.axishistory.com/axis-nations/bulgaria/army/69-bulgaria-army/bulgaria-army-brigades/832-armored-brigade-bulgaria
- https://www.axishistory.com/axis-nations/bulgaria/army/72-bulgaria-army/bulgaria-army-regiments/838-armored-regiment-bulgaria
- https://archive.armorama.com/forums/271468/
- https://it.military-review.com/12534657-armored-vehicles-of-bulgaria-part-1-beginning-1934-1942-biennium
- https://it.military-review.com/12534665-bulgarian-armored-vehicles-part-3-post-war-period-and-modernity
- https://elgrancapitan.org/foro/viewtopic.php?f=68&p=1160727
- https://airgroup2000.com/forum/viewtopic.php?p=5829531
- https://www.armedconflicts.com/vojnovi-i-povojnovi-uzivatelia-t59715
- https://www.armedconflicts.com/vojnovi-i-povojnovi-uzivatelia-t171117
- https://www.valka.cz/Pz-Kpfw-V-Panther-ve-sluzbach-cizich-armad-t40205
- http://it.topwar.ru
- http://tankfront.ru
- https://axisslovakia.tumblr.com/page/23
- https://forums.kitmaker.net/t/bulgarian-wwii-campaign-starts-sep-8th-2021-ends-march-3d-2022/7816/17
- https://www.facebook.com/groups/302283403283940/?locale=eu_ES
- http://www.nabore.bg/statia/kare-oficeri-dokaraha-tankovete-si-na-orlov-most-407-14#%20
- https://wwiiafterwwii.wordpress.com/2021/12/25/the-krali-marko-line/

TITOLI GIÀ PUBBLICATI - TITLES ALREADY PUBLISHING

BOOKS TO COLLECT

www.ingramcontent.com/pod-product-compliance
Lightning Source LLC
LaVergne TN
LVHW081538070526
838199LV00056B/3709